Soziale Arbeit – kompakt & direkt

Herausgegeben von Rudolf Bieker und Heike Niemeyer

Eine Übersicht aller lieferbaren und im Buchhandel angekündigten Bände der Reihe finden Sie unter:

 https://shop.kohlhammer.de/soziale-arbeit-kompakt-direkt

Die Autorin

Dr. Julia Steinfort-Diedenhofen studierte Erziehungswissenschaft an den Universitäten Köln und Duisburg-Essen mit dem Schwerpunkt Erwachsenenbildung u. a. bei PD Dr. E. Bubolz-Lutz, in deren Forschungsinstitut Geragogik (FoGera) sie im Anschluss an das Studium tätig war. Zum Thema ›Identität und Engagement im Alter‹ promovierte die Autorin an der Universität Dortmund. Mit 33 Jahren wurde Julia Steinfort-Diedenhofen auf die Professur für Theorien, Konzepte und Methoden der Sozialen Arbeit mit dem Schwerpunkt Geragogik an die katho NRW/Köln berufen, wo sie seither zu den Themen Alter(n), Lernen & Bildung lehrt und forscht.

Julia Steinfort-Diedenhofen

Bildungsarbeit mit älteren Menschen

Reflexions- und Handlungswissen
für die Soziale Arbeit

Verlag W. Kohlhammer

Dieses Werk einschließlich aller seiner Teile ist urheberrechtlich geschützt. Jede Verwendung außerhalb der engen Grenzen des Urheberrechts ist ohne Zustimmung des Verlags unzulässig und strafbar. Das gilt insbesondere für Vervielfältigungen, Übersetzungen, Mikroverfilmungen und für die Einspeicherung und Verarbeitung in elektronischen Systemen.

Die Wiedergabe von Warenbezeichnungen, Handelsnamen und sonstigen Kennzeichen in diesem Buch berechtigt nicht zu der Annahme, dass diese von jedermann frei benutzt werden dürfen. Vielmehr kann es sich auch dann um eingetragene Warenzeichen oder sonstige geschützte Kennzeichen handeln, wenn sie nicht eigens als solche gekennzeichnet sind.

Es konnten nicht alle Rechtsinhaber von Abbildungen ermittelt werden. Sollte dem Verlag gegenüber der Nachweis der Rechtsinhaberschaft geführt werden, wird das branchenübliche Honorar nachträglich gezahlt.

Dieses Werk enthält Hinweise/Links zu externen Websites Dritter, auf deren Inhalt der Verlag keinen Einfluss hat und die der Haftung der jeweiligen Seitenanbieter oder -betreiber unterliegen. Zum Zeitpunkt der Verlinkung wurden die externen Websites auf mögliche Rechtsverstöße überprüft und dabei keine Rechtsverletzung festgestellt. Ohne konkrete Hinweise auf eine solche Rechtsverletzung ist eine permanente inhaltliche Kontrolle der verlinkten Seiten nicht zumutbar. Sollten jedoch Rechtsverletzungen bekannt werden, werden die betroffenen externen Links soweit möglich unverzüglich entfernt.

1. Auflage 2023

Alle Rechte vorbehalten
© W. Kohlhammer GmbH, Stuttgart
Gesamtherstellung: W. Kohlhammer GmbH, Stuttgart

Print:
ISBN 978-3-17-042179-0

E-Book-Formate:
pdf: ISBN 978-3-17-042180-6
epub: ISBN 978-3-17-042181-3

Vorwort der Reihenherausgeber*innen

Ergänzend zu klassischen Lehrbüchern geht es in der neuen Reihe »Soziale Arbeit – *kompakt & direkt*« um die vertiefende Bearbeitung spezieller Themen- und Fragestellungen aus der Sozialen Arbeit und ihren Bezugsdisziplinen, z. B. theoretische Konzepte, spezifische Methoden, Arbeitsfelder oder soziale Probleme. *Kompakt und direkt* heißt die neue Reihe, weil sie in der Präsentation der Inhalte auf das konzentriert ist, was Lernende über das ausgewählte Thema wissen und für Studienleistungen und Prüfungen zielgenau aufbereiten können sollten.

Zielgruppen der Reihe sind jedoch nicht nur Studierende im Bachelor- oder Masterstudium, sondern auch Berufseinsteiger*innen und Praktiker*innen, die autodidaktisch oder in Fortbildungen Anschluss an den aktuellen wissenschaftlichen Diskurs halten wollen.

Der fokussierte Zuschnitt der Bände spiegelt sich in einem innovativen Buchformat, das Leser*innen Überschaubarkeit im Umfang und eine gut strukturierte Textpräsentation bietet. Zentrale Sachverhalte werden anhand von Praxisbeispielen und Abbildungen veranschaulicht. Didaktische Elemente wie Begriffserläuterungen, Textcontainer, Reminder, Essentials, kurze Zusammenfassungen, Piktogramme etc. erleichtern das Erfassen, Speichern und Wiederaufrufen der Inhalte.

Die Autor*innen der Bände sind durch ihre wissenschaftliche Expertise ausgewiesen, schreiberfahren und stehen in der Regel mit Studierenden und Praxisfeldern in engem Kontakt.

Rudolf Bieker und Heike Niemeyer, Köln

Zu diesem Buch

Wenn ein junger Mensch beginnt, Soziale Arbeit zu studieren, liegt die Motivation dafür selten allein in der Arbeit mit älteren Menschen. Doch gerade ›die Älteren‹ sind eine spannende Zielgruppe: Sie verfügen über viele Jahre gelebtes Leben, bringen einen biografischen Rucksack voller Erinnerungen und Erfahrungen mit und sind gleichzeitig noch immer auf der Suche – so zumindest erlebe ich es immer wieder – nach Antworten auf ihre Fragen und nach neuen Wegen angesichts aktueller Herausforderungen. Sie alle waren mal Kinder, Jugendliche und junge Erwachsene und stehen nun als große und wachsende Gruppe immer weniger jüngeren Menschen gegenüber. Die demografischen Herausforderungen unserer Zeit sind groß. Die Chancen sind es aber auch, v. a., wenn in dieser gesellschaftlichen Situation nicht nur Probleme, sondern auch Gestaltungsmöglichkeiten gesehen werden. Eine solch positive, menschenzugewandte Haltung zu entwickeln – trotz der auch schweren Themen, die es in Kontexten Sozialer Arbeit mit älteren Menschen durch die Kumulation sozialer Benachteiligungen ganz besonders gibt –, ist eine wichtige und zukunftsweisende Aufgabe von angehenden Sozialarbeiter*innen und Sozialpädagog*innen.

Für eine solche Perspektive auf die ›Lebensphase Alter‹ braucht es Lernbegleiter*innen, die die Gestaltung des demografischen Wandels durch Lern- und Bildungsprozesse professionell rahmen und ermöglichen können. Mein Glück war es, schon im Studium und in den ersten Jahren meiner beruflichen Tätigkeiten solchen Lernbegleiter*innen zu begegnen, die mir ihre wissenschaftliche und auch praxisnahe Perspektive auf Lern- und Bildungsprozesse älterer Menschen als ›geragogischen Schlüssel‹ mit auf den Weg gegeben haben. Besonders denke ich hier an Elisabeth Bubolz-Lutz und Cornelia Kricheldorff. Heute, gut zwanzig Jahre später, hoffe ich, diesen inzwischen gut gefüllten ›Schlüsselbund‹ weiter nutzen zu können und konsequent für die Kontexte Sozialer Arbeit weiterzuführen. Es gibt (noch immer) viel Potenzial und viel zu tun.

Das vorliegende Werk möchte einführen in ein attraktives Lern- und Handlungsfeld Sozialer Arbeit, in dem die Übernahme der Rolle als Lernbegleitung immer auch für die Professionellen selbst Anlass persönlicher Weiterentwicklung bietet. Für die engagierte Mitarbeit in der Entwicklung dieses Buches danke ich besonders Carina Betzing sowie all meinen Studierenden, die sich auf das Zukunftsthema Alter(n) einlassen.

Ich wünsche allen, die sich für das spannende und vielfältige Feld der Bildungsarbeit mit älteren Menschen interessieren, den dafür notwendigen Mut und die Neugier, sich *im Dialog* aufeinander einzulassen. Dazu gibt es einen ersten wichtigen ›Schlüssel‹, denen ich Ihnen mit dem Gedicht von Hanns Dieter Hüsch in die Hand lege:

Wer einen Dialog
Herbeiführen will
Muß sich herablassen
Herabneigen
Von sich absehen
Sich zuwenden und zuneigen
Muß nicht besitzen wollen
Darf nicht besitzergreifend sein
Nur wenige Vorschriften machen
Besser keine
Gelegentlich vorsichtig Empfehlungen anbieten
Unsichtbar die Hand darüber halten
Unhörbar anders denken
Sich nicht als Erwachsener aufspielen
Fehler nicht gleich als Schande empfinden
Irrtümer gestatten
Dennoch das Recht haben sich Sorgen
Machen zu dürfen
Kummer aufspüren und teilen
Sich wechselseitig erziehen
Sich gegenseitig ernst nehmen

Zusammen essen und trinken
Die Fantasie fördern
Ungeduld kreativieren
Aufbegehren durchhalten
Zusammen traurig sein
Nicht immer alles besser wissen
Am besten nichts besser wissen
Sondern trösten
Ratlosigkeit teilen
Wärme herstellen
Bindungen spüren lassen
Liebe

Dialog mit der Jugend, Auszug (Hanns Dieter Hüsch)

Köln, im Frühjahr 2023
Julia Steinfort-Diedenhofen

Inhalt

Vorwort der Reihenherausgeber*innen 5

Zu diesem Buch 6

Einleitung 11

1   Alter(n) und Bildung in der Sozialen Arbeit –
    Kontextualisierungen 16
    1.1   Alter(n) & Bildung 17
    1.2   Bildungsarbeit mit Älteren in der Sozialen Arbeit .. 24

2   Professionelles Handeln in Bildungsprozessen mit
    älteren Menschen – Einführung einer Systematik 30
    2.1   Relationen: Bezogenheit als Basis 32
    2.2   Dimensionen und Interventionen: Erleben als
         Grundlage für Reflexion und Handeln 39
    2.3   Motivation zur Veränderung und Bewältigung von
         Lebens- und Entwicklungsaufgaben 44
    2.4   Alltagserfahrungen als Anlässe für Bildung 45

3   Ansatzpunkte und Zugänge Sozialer (Alten-)Arbeit .. 51
    3.1   Soziale (Bildungs-)Arbeit mit älteren Menschen –
         Konturierungen 51
    3.2   Bildungsarbeit in der offenen Altenarbeit 53
    3.3   Bildungsarbeit in der stationären Altenhilfe und
         Pflege 60

4	Bildungsprozesse mit Älteren in Bezug auf Methoden Sozialer Arbeit	69
4.1	Ziele und Methoden im Kontext von Bildungsarbeit	69
4.2	Bildung in Kontexten Sozialer Einzel-(Fall-)Hilfe...	73
4.3	Bildung in Kontexten Sozialer Gruppenarbeit	80
4.4	Bildung in Kontexten der Gemeinwesenarbeit	84
4.5	Methodenreflexion: Bildungsarbeit mit älteren Menschen in der Sozialen Arbeit	90

5	Bildungs- und Lernräume: Orientierung an didaktischen Prinzipien der Geragogik	93
5.1	Heterogenität der Lernenden und Differenzialität als Merkmal	93
5.2	Paradigma der Ermöglichungsdidaktik und Begleitung als professionelle Aufgabe	96
5.3	Leitprinzipien für didaktische Gestaltungen von Lernprozessen	99

6	Ausblick, Konsequenzen und Impulse	104
Literatur		108

Einleitung

Das Thema ›Bildung älterer Menschen‹ ist nicht neu. Schon Cicero preist im Jahre 44 vor Christus in seiner Schrift »de Senectute« die Altersweisheit und auch das Alter insgesamt als weise und tugendhafte Lebensphase. Im historischen Entstehungskontext des Themas haben sich die Diskurse um das Bildungsverständnis immer wieder gewandelt. Das Anliegen einer Bildung im und für das Alter(n) erfährt – angestoßen durch die Erkenntnisse der Gerontologie zur Lernfähigkeit im Alter – seit drei Jahrzehnten verstärkte Aufmerksamkeit (vgl. Bubolz-Lutz et al. 2022, 43). Gerungen wird seither um einen passenden Begriff: von einem zunächst eher eng gefassten Begriff der ›Altenbildung‹ über die ›Altersbildung‹ bis hin zu dem heutigen weit gefassten Verständnis von ›Bildungsarbeit in einer alternden Gesellschaft‹. Damit richtet sich der Fokus nicht nur auf die älteren Menschen, sondern es werden auch Bildungsanliegen zu Altersthemen über den Lebenslauf und verschiedene Generationen hinweg mitbedacht, sodass sich der Blick weniger auf die spezifischen Zielgruppen als auf die Themen bezieht, die Kern von Bildungsarbeit und -anliegen sind.

Historisch nachzeichnen lässt sich auch ein sich änderndes Verständnis vom älteren Menschen bzw. dem damit intendierten Menschenbild, das noch bis in die 1990er Jahre eher defizitär gezeichnet wurde. Erst danach veränderte sich das Bild der älteren Menschen – insbesondere in den Industrieländern – im Hinblick auf deren Produktivitätspotential. Bildung kann, so die Annahme, dazu beitragen, »die Selbstorganisation der Älteren zu fördern, um so lange wie möglich die individuelle Handlungskompetenz aufrechterhalten zu können« (ebd., 61). Somit erhält das Thema Bildung, im Kontext der aktuellen Diskussion über die Potenziale des Alters, »eine neue Relevanz« (Miesen 2015, 31). Entsprechend sind Kommunen, Organisationen und Fachkräfte gefordert, Menschen bis zum Lebensende

»autonome Lern- und Partizipationschancen zu eröffnen, ihnen sozialintegrative Anschluss- und Verwendungsgelegenheiten für ihr Wissen und Können zu schaffen und ihnen den Beitrag zum gesellschaftlichen Wandel zuzutrauen« (Bubolz-Lutz et al. 2022, 98). Dass das Thema ›Bildungsarbeit mit Älteren‹ derzeit eine so große Resonanz erfährt, hat zum einen mit der Ausweitung der Altersphasen (diese werden im späteren Verlauf dieses Werks als sog. Drittes, Viertes und Fünftes Alter weiter ausgeführt) und zum anderen mit einem immer besseren Gesundheitszustand der älteren Generation zu tun. Auch trägt das gestiegene allgemeine Bildungsniveau dazu bei, »dass Lernen als zentrales Element zur Gestaltung des gesellschaftlichen Modernisierungsprozesses gesehen wird« (Miesen 2015, 31). Die erste zentrale Argumentation in Bezug auf Bildung im Alter lässt sich demnach wie folgt zusammenfassen: (Veränderte) Altersbilder prägen die Perspektiven auf Bildung in dieser Lebensphase.

Begründungen für die Relevanz von Bildungsarbeit mit älteren Menschen unterscheiden sich je nachdem, welche Perspektive eingenommen wird. So kann Bildung dazu beitragen, Entwicklungen zu begleiten und zu fördern (sozialgerontologischer Ansatz), sie kann Ressourcen und Kompetenzen älterer Menschen für ein produktives und sinnerfülltes Leben bis ins hohe Alter fördern (Kompetenzansatz). Bildung kann zur Selbstreflexion und ggf. Neuorientierung anregen (biografischer Ansatz) oder sie kann dazu beitragen, Chancengleichheit durch die Bereitstellung von lernförderlichen Strukturen und Rahmenbedingungen über den gesamten Lebenslauf hinweg zu fördern und Menschen zu sinnerfüllten Tätigkeiten (z. B. im Kontext freiwilligen Engagements) anzuregen bzw. dafür zu qualifizieren (gesellschaftspolitischer Ansatz) (vgl. Bubolz-Lutz et al. 2022, 98). Als zweite Erkenntnis zeigt sich: Es gibt viele unterschiedliche Argumente für die Relevanz von Bildungsarbeit mit Älteren, je nachdem, welche Perspektive eingenommen wird.

Forschungsergebnisse zu Bildungs- und Lernprozessen in der zweiten Lebenshälfte liegen vor, sind aber selbstredend nie abschließend und erfordern weitere Investitionen. Unterschieden werden kann zwischen großen und aufwändigen ›Large-Scale-Studien‹ und i. d. R. kleineren qualitativen Forschungen mit einer großen Bandbreite an Forschungsthemen und -fragen. Erkenntnisgewinne liefern für die Situation in Deutschland sowohl die groß angelegten Studie wie die von Hans Thomae mitinitiierte

Bonner Längsschnittstudie über das Altern (BOLSA), die interdisziplinäre Längsschnittstudie über das Erwachsenenalter der Universität Heidelberg (ILSA) sowie die internationalen Vergleichsstudien (z. B. CiLL-Studie, vgl. Schmidt-Hertha 2018). Forschungen zu spezifischen Konzepten und Feldern oder Themen wie die zur Überwindung kumulierter Benachteiligung oder Kompetenzerweiterungen (derzeit insbesondere im Bereich der Techniknutzung) finden zumeist in qualitativ ausgerichteten Studien statt. Hierbei steht die Rekonstruktion subjektiver Einschätzungen und Erfahrungen, z. B. zum Lernen im hohen Alter, auch im Angesicht des Todes, im Mittelpunkt (exemplarisch sei hier auf die Arbeiten von Claudia Kulmus 2018 oder Dieter Nittel und Nikolaus Meyer 2018 verwiesen). Insgesamt ist die aktuelle Forschungslandschaft zum Themenfeld Bildung im und für das Alter(n) geprägt von disziplinübergreifenden Zugängen und großer Vielfalt. Für angehende Wissenschaftler*innen und auch Praktiker*innen eröffnen sich noch viele unbearbeitete Felder, bei denen nicht zuletzt auch die Frage passender Forschungsmethoden interessante Ansatzpunkte weiterer Überlegungen bildet. Dritte Erkenntnis: Forschungsergebnisse zu Bildung im Alter liegen aus verschiedenen Disziplinen vor, es stellen sich aber auch noch viele bislang offene Fragen.

Die Praxis der Bildungsarbeit mit älteren Menschen kann derzeit als ein Ringen um die passenden Zugänge und auch begrifflichen Eingrenzungen interpretiert werden. Dabei wirken drei Diskurse parallel auf das Thema ein und bringen ihre je unterschiedliche Konnotierung mit: Der *Belastungsdiskurs* bezieht sich dabei auf die großen Herausforderungen, mit denen sich auch die Soziale Arbeit auseinandersetzen muss: Eine steigende Zahl von hilfs- und pflegebedürftigen Älteren, die zu einer ökonomischen Belastung der Sozial- und Gesundheitssysteme führen. Aus dieser defizitären Perspektive heraus wird, in der Zuspitzung, ein Generationenkrieg (der Begriff geht zurück auf das vielfach diskutierte Werk von Schirrmacher: »Das Methusalem-Komplott«) vorhergesagt. Konträr dazu wird im *Potenzialdiskurs* die »Aktivierbarkeit des Alters« (van Dyk 2009, 11) neu entdeckt, und das lebenslange Lernen wird zur bildungspolitischen – allerdings noch nicht politisch eingelösten – Strategie zu dieser Aktivierung der älteren Menschen. Weiterführend erscheint die dritte Perspektive, der *kritische Diskurs:* Ökonomische und politische Vereinnahmung und Instrumentalisierung der älteren Generation werden darin, auch unter der

Berücksichtigung von Macht- und Herrschaftsstrukturen, problematisiert. Die Beschäftigung mit dem Thema Bildungsarbeit mit älteren Menschen birgt, das zeigt schon der kurze Blick auf die drei Diskurse, in sich eine gewisse Ambivalenz: Auf der einen Seite kann die Thematisierung von Bildung dazu beitragen, den Aufbau von *Ermöglichungsstrukturen zur Teilhabe für und mit* ältere(n) Menschen zu unterstützen; auf der anderen Seite kann die *Ausweitung des Lernparadigmas auf die gesamte Lebensspanne* zur ›Gefahr der Pädagogisierung der Gesellschaft‹ (vgl. Riboltis 2004) beitragen. Im fünften Altenbericht der Bundesregierung (BMFSFJ 2005) wird das Bedingungsgefüge wie folgt zusammengefasst:

> »Die Pflicht zum lebenslangen Lernen ergibt sich aus der Tatsache des sozialen, des kulturellen und des technischen Fortschritts, an dem ältere Menschen – im Hinblick auf die Erhaltung von Selbstständigkeit und Selbstverantwortung wie im Hinblick auf erhaltene soziale Teilhabe – im gleichen Maße partizipieren sollen wie jüngere Menschen. Dies erfordert Bildungsinteressen und Bildungsaktivitäten auf Seiten des älteren Menschen sowie entsprechende Angebote« (ebd., 4).

In dieser Formulierung wird deutlich, dass die Verantwortung für die stetige Aktualisierung von Kompetenzen, um mit der Komplexität und Vielfalt der modernen Gesellschaft umgehen zu können, beim Individuum gesehen wird. Die Sozialarbeiterin und Soziologin Vera Miesen weist jedoch folgerichtig darauf hin, dass diese »appellative Aufforderung zum lebenslangen Lernen [...] älteren Menschen damit ein notwendiges Bildungsinteresse« (Miesen 2015, 35) unterstellt. Dies ist insofern problematisch, als sich in unterschiedlichen Studien (zuletzt bspw. Klein et al. 2021) zeigt, dass durch viele Angebote vornehmlich die bildungsgewohnte Mittelschicht erreicht wird, nicht aber all jene, die über eher niedrige Bildungsabschlüsse und Einkommen verfügen. Dieses Phänomen wird in der Erwachsenenbildung mit den Begriffen ›doppelte Selektivität‹ (Faulstich 1981), ›Weiterbildungsschere‹ (Schulenberg et al. 1978) oder ›Matthäus-Effekt‹ (Merton 1968) bezeichnet. Dabei ist das Ungleichheit reproduzierende Prinzip immer ähnlich: »Denn wer da hat, dem wird gegeben, dass er die Fülle habe; wer aber nicht hat, dem wird auch das genommen, was er hat« (Neues Testament, Mt 13,12). Als vierte Erkenntnis zeigt sich: Das Konstrukt zu Bildung im und für das Alter(n) birgt in sich Ambivalenzen und verlangt nach kritischer Reflexion und Weiterentwicklung.

Der beschriebenen Ungleichheit reproduzierenden Entwicklung kann die Soziale Arbeit mit ihren sowohl theoretischen als auch methodisch-konzeptionellen Zugängen zu marginalisierten Gruppen etwas entgegenstellen. Dabei ist sie gut beraten, in den verschiedenen Handlungsfeldern der Sozialen (Alten-)Arbeit neben den bereits vielfach genutzten gerontologischen Theorien des Alterns (vgl. z. B. Klott 2014, 37 ff.) auch die Prinzipien der Geragogik – der wissenschaftlichen Disziplin von Bildung im Alter – in ihre Arbeit zu integrieren (vgl. Kricheldorff & Klott 2017, 435). Das vorliegende Werk liefert hierzu einen sowohl theoretischen als auch praxisnahen Beitrag, in dem es die Bildungsarbeit mit älteren Adressat*innen Sozialer Arbeit in den spezifischen Kontexten (▶ Kap. 1), Relationen, Dimensionen, Motivationen und Anlässen (▶ Kap. 2), Handlungsfeldern (▶ Kap. 3), Angeboten und Methoden (▶ Kap. 4) sowie mit Blick auf didaktische Prinzipen (▶ Kap. 5) und anstehende Impulse zur Weiterentwicklung (▶ Kap. 6) konturiert.

1 Alter(n) und Bildung in der Sozialen Arbeit – Kontextualisierungen

> ☞ **Überblick**
>
> Die beiden zentralen Begriffe *Alter(n) und Bildung* werden einführend definiert und als bedeutsame gesellschaftliche Aufgabe für ältere und sehr alte Menschen angesehen.

Wir leben in einer Zeit großer gesellschaftlicher Herausforderungen: Digitalisierung aller Lebensbereiche, neue Formen der Kommunikation und gesellschaftlicher Teilhabe, Entwicklung veränderter Mobilitätskonzepte, Klimaschutz, Durchsetzung der Menschenrechte, Friedenssicherung, Soziale Gerechtigkeit, Vereinzelung in der Gesellschaft und viele weitere Veränderungen, die das Leben aller Generationen prägen. Ältere Menschen sind Teil dieses gesellschaftlichen Wandels und gestalten ihn, gemeinsam mit jüngeren Generationen, mit. Auch das ›Bild der Alten‹ und deren Selbstbeschreibungen sind in Bewegung, was sich in den vielen unterschiedlichen Begriffen – Senior*innen, Oldies, Best Ager, Go-Go's/Slow-Go's/No-Go's oder Generation 50plus – zeigt. Dabei erfordern sowohl biografische als auch gesellschaftliche Entwicklungen die Bereitschaft, sich auch im mittleren und späten Erwachsenenalter lernend ›auf den Weg zu machen‹, und die Erkenntnis, dass die Notwendigkeit des Weiterlernens auch im Alter weiter besteht. Dem entsprechend wird zu Beginn dieses Buchs zunächst in den Begriff Alter(n) und die damit verbundenen Prozesse und Einflussfaktoren sowie in den Begriff der Bildung eingeführt.

1.1 Alter(n) & Bildung

Mit dem Terminus des *Alter(n)s* wird zunächst ganz grundsätzlich auf menschliche Veränderungsprozesse verwiesen, die sich über die gesamte Lebensspanne – also von Beginn des Lebens bis zu dessen Ende – vollziehen. Das ›Alter‹ beschreibt allein die Anzahl der Lebensjahre, das ›Altern‹ hingegen verweist auf vielfältige Erscheinungsformen im Prozess des Älterwerdens. Menschen sind zu unterschiedlichen Zeitpunkten vor Entwicklungsaufgaben gestellt: Können wir bei einer 13-jährigen Person relativ sicher davon ausgehen, dass sie sich physisch und psychisch in der Pubertät befindet, so können wir keine Aussagen dazu machen, was einen Menschen mit 73, 83 oder 93 Jahren bewegt. Wann auch immer kritische Lebensereignisse eintreten (z. B. der Umgang mit dem Verlust eines nahen Menschen, das Annehmen von Sorge- und Hilfeleistungen oder die Suche nach neuen Aufgaben), ergeben sich neue Entwicklungsnotwendigkeiten – Altern ist also immer ein Prozess.

Das Altern vollzieht sich auf verschiedenen Ebenen gleichzeitig. Dabei zeigen sich große Unterschiede zwischen Personen (interindividuelle Variabilität) – z.B. im Hinblick auf die geistige Leistungsfähigkeit, Persönlichkeitsmerkmale, soziale Beziehungsformen, biografische Erfahrungen –, aber auch mit Blick auf den alternden Menschen selbst (intraindividuelle Variabilität), in dem nicht alle Funktionen gleich schnell altern. So kann ein Mensch bspw. körperlich noch sehr agil, jedoch kognitiv stark eingeschränkt sein (oder auch umgekehrt). Besonders interessant ist, dass es eine Diskrepanz zwischen objektiven Fakten (z. B. der Grad der körperlichen Einschränkung) und der subjektiven Bewertung gibt, so bspw. im Hinblick auf die Lebenszufriedenheit oder Entwicklungspotentiale (vgl. Bubolz-Lutz et al. 2022, 34). Neben den objektiven Merkmalen des Alters prägen deren subjektive Wahrnehmungen die individuellen Handlungsräume älterer Menschen. Diese »intrapsychischen Regulationsprozesse« (Weidekamp-Maicher 2015, 60) führen bei vielen zu einem sog. ›Paradox der Zufriedenheit im Alter‹ (vgl. Staudinger & Freund, 1998). Durch Anpassungsleistungen gelingt es vielen älteren Menschen, Einschränkungen anzunehmen und dadurch subjektives Wohlbefinden trotz objektiver

Verschlechterungen der Lebenslage aufrechtzuerhalten oder wiederherzustellen.

Der Beginn der ›Lebensphase Alter‹ wird bislang in vielen Lebensläufen mit dem Ende der Erwerbsarbeit markiert. Um mit der Vielfalt des Alterns auch begrifflich umgehen zu können, hat es sich zur Strukturierung der heterogenen Lebensphase bewährt, die verschiedenen *Phasen des Alterns* in unterschiedliche ›soziale Kategorien‹ einzuteilen. Dabei ist i.d.R. der Beginn der jeweiligen Altersphase durch Übergänge markiert, die an möglichen, typischen, oft auch kritischen Lebensereignissen festgemacht werden. Die sozialen Alterskategorien beziehen sich auf »den Grad der Aktivität, die sozialen Beziehungen und Netzwerke sowie das Ausmaß selbstständiger Lebensführung und Autonomie« (vgl. Bubolz-Lutz et al. 2022, 33). Die Sozialarbeiterin und Sozialgerontologin Cornelia Kricheldorff (2022, 33) erläutert zur Strukturierung des Lebens im Alter drei Altersphasen, die die von Laslett (1995) eingeführten ursprünglich vier Lebensalter weiter differenzieren. Mit der ersten Phase wird in dem Modell die Kindheit und Jugend gefasst und mit der zweiten Phase das Erwachsenenleben, das bei Laslett (1995) insbesondere durch die Logik von Erwerbsarbeit konturiert wird. Diese Einteilung ist jedoch – besonders in den Kontexten Sozialer Arbeit – zu hinterfragen bzw. zu erweitern, da sie nur auf bestimmte Lebensentwürfe verweist. Nicht gerecht wird sie z.B. Menschen, die nicht einer regulären Erwerbsarbeit nachkommen (können). Problematisch erscheint auch der Beginn der Lebensphase Alter, die in beiden Modellen (Laslett und Kricheldorff) als sog. Drittes Alter beschrieben wird. Markiert wird dieser Lebensabschnitt in vielen Beschreibungen als Beginn der nachberuflichen und nachfamiliären Phase sowie den damit verbundenen Aufgaben. Es stellt sich z.B. die Notwendigkeit, eine neue Balance in einer lang bestehenden Partnerschaft zu finden und/oder die Frage zu beantworten: Wer bin ich, wenn ich mich nicht mehr durch meine Berufstätigkeit definieren kann (vgl. Steinfort 2010)? Als Viertes Alter wird daran anschließend die Phase markiert, in der ältere Menschen in manchen Teilbereichen des Lebens die Notwendigkeit von Hilfe- und Unterstützungsbedarf erleben, die Mobilität abnimmt und sie sich aus dem gesellschaftlichen Leben immer weiter zurückziehen, z.B. weil sie ihre körperlichen Grenzen erkennen. Der Umzug in eine stationäre Pflegeeinrichtung oder die Inanspruchnahme einer ambulanten Versorgung wird Kricheldorff folgend (2022, 33) als möglicher Startpunkt in die fünfte Phase, das sog. Fünfte Alter, identifiziert. Typische Ereignisse sind hier der Verlust von Autonomie sowie der ständige Bedarf an Hilfe und Pflege. Durch diese Einteilung lässt sich eine differenzierte Perspektive auf das Altern – insbesondere mit Blick auf die dritte, vierte und fünfte Lebensphase – vornehmen und es lassen sich typische Handlungsfelder identifizieren (▶ Abb. 1).

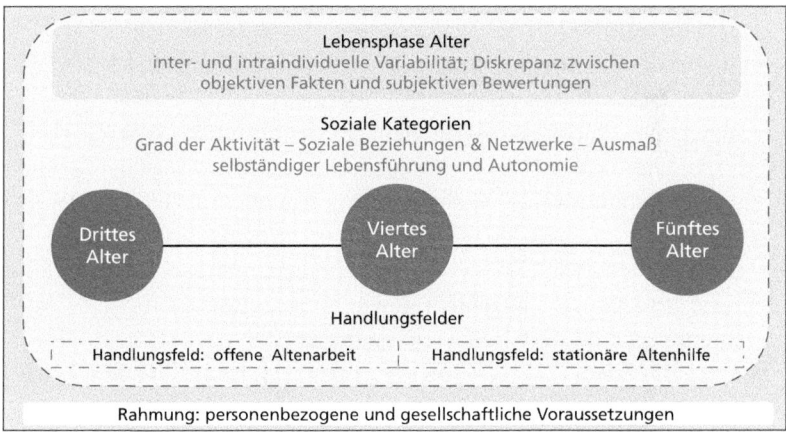

Abb. 1: Lebensphasen, Soziale Kategorien und Handlungsfelder der Sozialen Arbeit mit älteren Menschen (eigene Darstellung)

In allen drei Phasen sind die Handlungsräume des Alterns durch ein Spannungsfeld von objektiven Merkmalen und subjektiven Wahrnehmungen geprägt. Für eine differenzierte Betrachtung der Lebensphase ist es notwendig zu hinterfragen, welche gesellschaftlichen und personenbezogenen Voraussetzungen das individuelle Leben rahmen. Für die nachberufliche Lebensphase haben dies u. a. Gerhard Naegele und Wolfgang Clemens (2004) in ihrem Konzept der Lebenslagen im Alter nachvollzogen. Bildung ist hierin einer von mehreren Einflussfaktoren. Welche Rolle *Lern- und Bildungsprozesse* in dieser Lebensphase spielen und welche Aufgabe daraus für die Soziale Arbeit mit älteren Menschen resultiert, wird im Verlauf dieses Bandes weiter ausgeführt. Festgehalten werden kann: Neben den objektiven Bedingungen sind es ebenso die subjektiven Wahrnehmungen und Empfindungen der individuellen Lebensqualität, die die Lebensphase des Alter(n)s prägen.

Der zweite, in diesem Band zentrale Begriff ist der der *Bildung*. Kaum ein Begriff ist so omnipräsent und zugleich so interpretationsoffen wie der Begriff Bildung. Die Bedeutungsvielfalt zeigen ausgewählte Definitionsvorschläge großer Bildungsdenker*innen.

Bildung ...

- meint die »höchste und proportionierlichste Bildung aller Kräfte zu einem Ganzen« (Humboldt 1792/1980a, 64),
- bildet die »Antithese« zur Erziehung, »entbundene Selbsttätigkeit [...], schon vollzogene Emanzipation [...], neue, geistige Geburt [...], Versöhnung des Menschen mit sich selbst« (Heydorn 1970/1979, 9),
- bedeutet »individuelle Regulationsfähigkeit, gesellschaftliche Teilhabe und Chancengleichheit sowie Humanressourcen« (z. B. Autorengruppe Bildungsberichterstattung 2010, 1),
- bezeichnet den »Rahmenentwurf eines Zielkonzepts für die Gestaltung des menschlichen Lebens in der Gesellschaft, ein Konzept also für die Ausbildung von Identität unter den Bedingungen einer sich demokratisierenden Gesellschaft« (Thiersch 2008, 241).

Schon aus den wenigen Zitaten wird deutlich:

> »Wird von Bildung gesprochen, geschieht dies häufig mit einem besonderen Tonfall – und nicht selten in einem Zustand der Erregung. [...] Es sind zudem gesellschaftliche Krisendiskurse, die ihm [dem Begriff, Anm. der Verf.] seine besondere Aura verleihen: Indem er in Aussicht stellt, dass erst durch ein verstärktes Engagement im Bereich der Bildung Missstände überwunden werden können, dass erst eine Intensivierung der Bemühungen in den Bildungseinrichtungen hierfür dauerhafte Abhilfe verspricht, wird der Begriff zu einem Hoffnungsträger par exellence« (Rieger-Ladich 2019, 13).

Damit diese Bemühungen wirken können, wird gleichzeitig von den Menschen verlangt, dass sie die täglich neuen Aufgaben in einer sich dynamisch verändernden Welt annehmen. Gefordert wird ein Um- und Neulernen, wobei es längst nicht mehr reicht,

»die Bildungsaktivitäten auf eine frühe Lebensphase zu konzentrieren. Um an kulturellen, sozialen und technischen Entwicklungen partizipieren zu können, braucht es die Bereitschaft, sich aktiv mit dem Neuen auseinanderzusetzen. Die Chance, aber auch die Notwendigkeit lebenslangen Lernens, ist damit prinzipiell für alle gegeben und gefordert, bis ins hohe Alter hinein« (Steinfort-Diedenhofen 2017, 283).

Bildungsprozesse haben sich daher längst auf die gesamte Lebensspanne ausgedehnt, und es lassen sich die unterschiedlichsten Formate identifizieren, in denen sich Bildung verwirklicht. Dabei unterscheiden sie sich lebensalterspezifisch, denn während

»in jüngeren Jahren Bildung primär an formale Kontexte gebunden ist, werden mit zunehmendem Alter non-formale und informelle Kontexte immer bedeutsamer. Die für die Aufrechterhaltung sozialer Teilhabe notwendigen Lerninhalte können durchaus – eine hinreichende Offenheit der älteren Generation vorausgesetzt – im Kontext intergenerationaler Beziehungen erworben werden« (Kruse & Wahl 2010, 520f.).

Der Bildungsbegriff wird zudem parallel oder synonym mit dem Begriff *Lernen* verwendet. Bei allen Unterschieden im Verständnis der beiden Begriffe besteht – zumindest in der einschlägigen Fachliteratur zur Bildungsarbeit mit älteren Menschen – Übereinkunft darüber, dass Lernen einen grundlegenden Vorgang und Prozess im Leben des Menschen darstellt. Für eine weitere Systematik wird ein Lernbegriff zugrunde gelegt, der diese Prozessperspektive und den jeweiligen Bezug auf ein Anliegen hin beinhaltet. So verstanden umfasst der Begriff ›Lernen‹ alle Prozesse der »konkreten Aneignung und Erweiterung von Fähigkeiten, Fertigkeiten, Erfahrungen und Wissen, die sich in Verhaltensänderungen oder Möglichkeiten veränderten Verhaltens niederschlagen« (Bubolz-Lutz et al. 2022, 31). Der Lernbegriff lässt sich weiter spezifizieren nach dem Grad der Intentionalität des Lernens (vgl. Europäische Kommission 2001).

Lernen meint ...

- Formales Lernen: führt zielgerichtet zu anerkannten Abschlüssen und Qualifikationen innerhalb der Hauptsysteme der allgemeinen und beruflichen Bildung (z. B. Berufsausbildung, Abitur, Hochschulabschluss).
- Non-formales Lernen: systematisch und zielgerichtet, findet außerhalb der Hauptsysteme statt, führt nicht unbedingt zum Erwerb formaler Abschlüsse (z. B. Erste-Hilfe-Kurse, Technikkurse).
- Informelles Lernen: beiläufiges Lernen, nicht notwendigerweise intentional, natürliche Begleiterscheinung des täglichen Lebens. Mit Jost Reischmann (2002) lässt sich das informelle Lernen noch weiter nach verschiedenen Formen und Graden der Reflexivität und der institutionellen Einbettung differenzieren, und zwar in:
  1. inzidentelles, beiläufiges Lernen: Das findet häufig unbewusst und ungeplant statt; ausgelöst durch Reize (z. B. durch die Begegnung mit anderen älteren Menschen oder durch neue Herausforderungen wie Wohnortwechsel, die bewältigt werden müssen),
  2. teil-intentionales Lernen: Das wird durch Handlungen ausgelöst, die Lernen anregen bzw. befördern, aber nicht um des Lernens wegen ausgeführt werden (z. B. ein Ausflug oder ein kreatives Angebot),
  3. Lernen durch äußere Auslöser: das findet in der Bewältigung von unvorhersehbaren, stark emotional kritischen Lebensereignissen statt, die als Auslösesituationen in Erinnerung bleiben (z. B. Schock, Freude, Verlust, Angst etc.).
- Lebenslanges Lernen: in einer engen Definition »jede zielgerichtete Lerntätigkeit, die einer kontinuierlichen Verbesserung von Kenntnissen, Fähigkeiten und Kompetenzen dient« (Kommission der Europäischen Gemeinschaften 2000) und in einer erweiterten Definition »alles Lernen während des gesamten Lebens« (ebd.).

Lernen und Bildung lassen sich nicht trennscharf voneinander unterscheiden und werden deshalb hier ›zusammengedacht‹. Lernen ist in den verschiedenen Formen bis zum Lebensende relevant und findet in unterschiedlichen Intensitäten statt. Je nachdem, welche Perspektiven auf das Thema eingenommen werden, lassen sich unterschiedliche Begründungen für die Notwendigkeit des lebenslangen (Weiter-)Lernens anführen: Der Einfluss von Bildungsprozessen z. B. auf die Weiterentwicklung und Aufrechterhaltung intellektueller Fähigkeiten (psychologisch-neurologische Perspektive), der positive Einfluss von Bildung auf Gesundheit (ökonomische Perspektive) oder die Voraussetzung von Bildung für Partizipation und soziale Integration (bildungssoziologische Perspektive). Die Wissenschaft, die seit den 1970er Jahren versucht, die unterschiedlichen Perspektiven und Forschungsergebnisse zum Thema Bildung im und für das Alter(n) zu bündeln, ist die interdisziplinäre und noch relativ junge *Wissenschaftsdisziplin Geragogik*. Sie befasst sich mit den für Bildung im Alter notwendigen theoretischen, konzeptionellen und methodischen Voraussetzungen und Bedingungen. Ihre Bezüge hat sie in der Erziehungs- und Bildungswissenschaft und bildet eine Teildisziplin der Gerontologie. In der Sozialen Arbeit nimmt sie eine immer zentralere Rolle ein. Begrifflich lässt sich die Geragogik wie folgt konturieren.

Geragogik

Geragogik ist die »Pädagogik des alternden und alten Menschen« (Mieskes, 1971). Der Begriff Geragogik setzt sich zusammen aus den Worten *Geraios/Geraros* (altgr.: alt/der Alte) und *ago* (altgr.: ich führe hin, ich geleite, ich zeige den Weg). Die Geragogik ist die wissenschaftliche Disziplin, die Bildungsprozesse in der zweiten Lebenshälfte erforscht und Bildungskonzepte mit Älteren und für das Alter entwickelt und erprobt. Zudem bringt sie ihre Kenntnisse in die Aus-, Fort- und Weiterbildung für die Arbeit mit Älteren ein. Dabei orientiert sie sich am Leitbild von Menschenwürde und Partizipation.

Für die Soziale Arbeit ist die geragogische Perspektive und Diskussion besonders passend, da hier ein prozessorientierter Bildungs- bzw. Lernbegriff zugrunde gelegt wird, bei dem es nicht darum geht, *Bildung zu haben* oder *gebildet zu sein*, sondern um die Aktivität des *sich Bildens* (vgl. Kern

2018, 15). Die Geragogik kann als eine »wissenschaftliche Bezugsdisziplin für die Soziale Arbeit« (Kricheldorff & Klott 2017, 435) und als »theoretischer Bezugsrahmen für Handlungsansätze in der Sozialen Arbeit« (ebd.) angewandt werden. Insofern gehen beide Disziplinen »dort eine Verbindung ein, wo soziale Anschlussfähigkeit, Integration und Teilhabe im Mittelpunkt von Angeboten stehen, auch jenseits von formalen Strukturen bzw. der traditionellen Institutionen und Organisationen« (ebd.). Lernprozesse finden dabei immer statt, auch wenn sie nicht als solche interpretiert werden. Um die bisher eingeführten Begriffe – Alter(n), Lernen und Bildung – in ein Verhältnis zu bringen, erscheint folgende Definition weiterführend.

Geragogischer Bildungsbegriff

Bildung ist ein reflexiver und handlungsbezogener »Prozess der Auseinandersetzung des Individuums mit sich selbst, wie auch mit seiner materiellen, sozialen und kulturellen Umwelt, in dem sich das Selbst- und Weltverständnis des Individuums ebenso herausbildet wie seine Sozial- und Handlungskompetenz. [...] Bildung ist ein nicht abschließbarer Prozess. Er endet nicht in einem bestimmten Wissen, Können oder Sein, sondern bedarf der lebenslangen Offenheit für Lernen und Erfahrung. Zugleich ist Bildung angewiesen auf gesellschaftliche Rahmenbedingungen, die den Erwerb von Wissen und die Umsetzung in Handeln ermöglichen« (Bubolz-Lutz et al. 2022, 31 f.).

1.2 Bildungsarbeit mit Älteren in der Sozialen Arbeit

Die Einnahme der geragogischen Perspektive für die Arbeit mit älteren Menschen in den verschiedenen Handlungsfeldern Sozialer Arbeit ermöglicht es, das Altern in allen Etappen als ständige Bemühung um Balancierung und Neuorientierung zu verstehen. Treffend ist dies im Vorwort der zweiten Auflage des Lehrbuchs Geragogik beschrieben: Altern

»bietet Chancen und Risiken gleichermaßen, verlangt ständig neue Anpassungsleistungen und stellt wachsende Anforderungen an die Lernfähigkeit und Lernbereitschaft. Vom einzelnen Menschen her betrachtet, erfüllt Bildungsarbeit beim Übergang ins höhere und hohe Alter eine wichtige Funktion in Bezug auf die individuelle Lebensgestaltung. Aus gesellschaftlicher Perspektive braucht eine funktionierende demokratische Gesellschaft die Beteiligung *aller* Generationen, denn die Entwicklung gesellschaftlicher Bedingungen und Möglichkeiten hängt davon ab, dass sich auch die Älteren daran beteiligen, ihre Erfahrung, ihr Engagement und ihre Kompetenzen einzubringen und bis ins hohe Alter ihr Interesse und ihre Neugier zu bewahren« (Bubolz-Lutz et al. 2022, 11, H. i. O.).

Auch für die Arbeit mit älteren Adressat*innen spielt dieser Ausgangspunkt eine wichtige Rolle, denn der Wunsch, Neues zu erfahren, dazuzulernen und sich weiterzubilden, ist unabhängig vom Lebensalter und den jeweiligen Lebenswelten. Wenn Bildung als einer der Schlüssel zu gleichberechtigter Teilhabe (vgl. BAGSO 2019/2022) verstanden wird, dann stellt sich für die Soziale Arbeit die Aufgabe, diese lebenslang zu ermöglichen und sowohl die damit verbundenen gesellschaftlichen als auch individuellen Herausforderungen anzunehmen, anzugehen und zu begleiten.

Welche Konzepte hierfür, also zur Anregung und Begleitung von Bildungs- und Lernprozessen genutzt werden, ist jeweils auszuhandeln. Dabei stellen sich Fragen nach der Passung von Konzepten und ›dahinterliegenden Wertvorstellungen‹. Gerade in einer Zeit, in der gesellschaftliche Krisen kumulieren, braucht es zukunftsfähige Konzepte für die Bildungsarbeit, die Fachkräften der verschiedenen Disziplinen Orientierungen an die Hand geben. Bildung im und für das Alter(n) zu ermöglichen, ist demnach nicht nur eine Aufgabe der Sozialen Arbeit, sondern ein interdisziplinäres Projekt, in dem viele Perspektiven und Professionen ihren Beitrag leisten. Im vorliegenden Band werden dennoch die besonderen Beiträge der Sozialen Arbeit – u. a. auch in ihren spezifischen Handlungsfeldern – mit älteren Menschen in den Mittelpunkt gerückt. Dabei sind »Ansätze und Methoden der Sozialen Arbeit […] geeignete Türöffner, um praxisrelevante Strukturen und Angebotsformen für Bildungssettings im Alter zu schaffen« (Kricheldorff & Klott 2017, 438).

1 Alter(n) und Bildung in der Sozialen Arbeit – Kontextualisierungen

Dass die Soziale Arbeit inzwischen ein wesentliches Element des Lernens in der heutigen Bildung ist (vgl. Thiersch 2008, 246), hat sich in vielen anderen Handlungsfeldern, z. B. in der Arbeit mit Kindern und Jugendlichen, nachweisen lassen. Aber auch die Thematisierung von Bildungsprozessen im Alter innerhalb der Sozialen Arbeit lässt sich bereits seit zwei Jahrzehnten nachzeichnen. Verwiesen sei hier auf den einschlägigen Artikel von Ute Karl aus dem Jahre 2008, in dem sie darauf hinweist, dass »Bildsamkeit als interaktive Kategorie« (Karl 2008, 170) die Professionellen auf die Notwendigkeit verweist, »sensibel die Möglichkeiten und Grenzen wahrzunehmen, die alte Menschen haben« (ebd., 171). Zur Einordnung des Themas erscheint es relevant, zunächst den Blick auf den grundsätzlichen und allgemeinen Bildungsauftrag der Sozialen Arbeit zu richten. Dabei lassen sich folgende Fragen stellen: Wo findet Bildung in der Sozialen Arbeit statt, was ist ihr Auftrag, woran orientiert sie sich und was ist ihr Ziel?

Die Soziale Arbeit hat ihren Platz in formalen, non-formalen und informellen Bildungsbezügen. Nimmt sie die Prinzipien der International Federation of Social Workers (IFSW) – Gerechtigkeit, Menschenrechte, gemeinsame Verantwortung und Achtung der Vielfalt – ernst, dann wird sie dem Bildungsauftrag gerecht. Diesem Auftrag lässt sich in der Konsequenz besonders in den Arbeitsfeldern professionell nachkommen, wo »präventives, korrigierendes und kompensierendes Lernen für einzelne Menschen, aber auch für Gruppen, Organisationen und Gemeinwesen zentral ist« (Stimmer 2020, 150). Der Bildungsauftrag der Sozialen Arbeit lässt sich also als ein wichtiges Aufgabenfeld identifizieren, in dem es zunächst erst einmal ganz grundsätzlich gilt, »Lernen zu ermöglichen« (Gieseke 1996/2013, 15). Die Betonung der ›Ermöglichung‹ verweist dabei auf die aktive Rolle des lernenden Menschen selbst im Prozess der Bildung, wie es auch Michael Winkler formuliert:

> »Gegenüber aller abstrahierenden Objektivierung und Verdinglichung in extern als Maßeinheiten festgelegten Standards stehen Lebensqualität wie Bildung für subjektive Praxen, die von den Akteuren selbst entworfen, gesetzt und kommuniziert werden« (Winkler 2022, 157).

Auch wenn dem Lernenden selbst – dieser Argumentation folgend – die zentrale Rolle im Bildungsgeschehen zukommt, so lassen sich im Hinblick auf das professionelle Aufgabenverständnis sozialarbeiterischer Bildungsarbeit dennoch klare Aufgabenfelder beschreiben, nämlich das ›Arrangieren‹ und das ›Animieren‹:

Arrangieren und Animieren

Beim *Arrangieren* wird eine Lernsituation hergestellt, auf der Grundlage der Empowerment-Idee, in der es um kreative Aushandlungsprozesse von Lernzielen und -wegen geht. Bei dem Begriff der *Animation* geht es um die Initiation von Lernprozessen, indem Menschen dazu bewegt werden sollen, sich auf etwas einzulassen, was sie ohne einen solchen Anstoß möglicherweise nicht tun würden. Beispiele solcher Interventionsmethoden im Kontext von Bildung sind die klientenzentrierte Gesprächsführung oder auch die themenzentrierte Interaktion (vgl. Stimmer 2020, 150 ff.).

Die Soziale Arbeit kann (und muss) – angesichts der vielen Lern- und Gestaltungsaufgaben unserer Zeit – ihren Bildungsauftrag anerkennen und diesen in ihren vielfältigen Settings entsprechend mit Blick auf konkrete Ziele hin konkretisieren, denn »Ziele zu setzen bedeutet, Veränderungen anzustreben« (von Spiegel 2018, 118). Gerade in der Arbeit mit Adressat*innen Sozialer Arbeit ist es wichtig, dass diese ihre eigenen Ziele finden und definieren müssen (dies ist bspw. ein großer Unterschied zum schulischen Lernen, bei dem die Ziele in Lehrplänen zentral und allgemeinverbindlich festgelegt werden). In einer solchen Herangehensweise können alle Interventionen Sozialer Arbeit als Aushandlung von Zielen verstanden werden, in die explizit und implizit viele Perspektiven einfließen (z. B. Bedürfnisse, Wünsche und Anliegen, Wertestandards, Verwaltungsvorgaben). Als besonders zentral lässt sich die Herausarbeitung des Anliegens für Bildungsziele identifizieren, also die Frage danach, wohin und wozu etwas gelernt werden soll.

In geragogischen Kontexten erscheint es aber auch mit Blick auf das an persönliche Motivationen geknüpfte Lernen (▶ Kap. 2) besonders wichtig, dass Ziele auch emotional verankert werden. Es gilt, Ziele zu finden, die Menschen nachhaltig bewegen. Mit einem so offenen Zielverständnis von

1 Alter(n) und Bildung in der Sozialen Arbeit – Kontextualisierungen

Bildung umfassen Lernprozesse im Alter nicht nur den Erhalt und Ausbau von Wissen und Kompetenzen, sondern sie leisten auch einen wichtigen Beitrag zu Persönlichkeitsentwicklung, Wohlbefinden und Gesundheit (BAGSO 2022).

Auf den Punkt gebracht

Lernen und Bildung werden vieldeutig verwendet. Für die Thematisierung von Bildung in der Sozialen Arbeit sind dennoch folgende Aspekte strukturgebend (vgl. Haberstroh 2020, 50 ff.):

- Bildungsprozesse vollziehen sich als aktives Ins-Verhältnis-Setzen des Individuums zu seiner Umwelt.
- Epochale, gesellschaftliche Schlüsselprobleme und die Beschäftigung damit verweisen auf Aufgaben, die Bildungsprozesse initiieren (können).
- Bildung verfolgt (auch) normative Ziele.
- Charakteristisch sind Gelegenheitsstrukturen für Bildungsprozesse, in denen diese realisiert werden können, ohne diese zu formalisieren oder zum Hauptgegenstand zu machen.
- Die Initiierung und Perspektive auf Bildungsprozesse ist auch von der Haltung der Fachkräfte abhängig.
- Im Zentrum von Bildungsprozessen steht der Dialog (z. B. zur Entwicklung von Zielen).

Bildungsarbeit mit älteren Menschen ist in den Kontexten Sozialer Arbeit als Auftrag und Entwicklung professionellen Handelns zu verstehen (vgl. Steinfort-Diedenhofen 2022a, 157 ff.). Dabei sind folgende Aspekte relevant: Bildung ist ein lebenslanger Prozess und erfordert professionelle Rahmungen (Arrangieren und Animieren); Bildung kann auch bei älteren und auf Hilfe und Unterstützung angewiesenen Adressat*innen dazu beitragen, dass individuelle Handlungskompetenz aufrechterhalten werden kann. Dazu bietet die Geragogik der Sozialen

Arbeit konkrete Ansatzpunkte, wie Bildung zur Realisierung eines lebenswerten Alterns beitragen kann.

Reflexionsfragen

- Was ist mit der Dreiteilung des Alters gemeint? Welche Kennzeichen lassen sich festmachen?
- Lassen sich Lern- und Bildungsprozesse unterscheiden, und wenn ja, wie?
- In welchem Verhältnis steht die Soziale Arbeit zur Geragogik?
- Inwiefern hat die Soziale Arbeit einen Bildungsauftrag, insbesondere mit Blick auf ältere Adressat*innen?

Weiterführende Literatur

Bubolz-Lutz, Elisabeth, Engler, Stefanie, Kricheldorff, Cornelia & Schramek, Renate (2022): Geragogik. Bildung und Lernen im Prozess des Alterns. Das Lehrbuch (2., erw. u. überarb. Aufl.). Stuttgart: Kohlhammer.

Bleck, Christian & van Rießen, Anne (Hrsg.) (2022): Soziale Arbeit mit alten Menschen. Wiesbaden: Springer VS.

Thiersch, Hans (2008): Bildung und Soziale Arbeit. In: Otto, Hans-Uwe & Rauschenbach, Thomas (Hrsg.): Die andere Seite der Bildung. Wiesbaden: Springer VS.

2 Professionelles Handeln in Bildungsprozessen mit älteren Menschen – Einführung einer Systematik

> **Überblick**
>
> Kern dieses Kapitels ist die Einführung einer Systematik zum professionellen Handeln in Bildungsprozessen mit älteren Menschen. Mit diesem Modell wird eine Perspektive eröffnet, die den *Prozess des Anderswerdens durch Bildung* beschreibbar macht. Veränderungsimpulse ergeben sich dabei aus der Lebenswelt und den damit verbundenen Themen der älteren Menschen selbst. Das Kapitel umfasst ein theoretisch fundiertes Verständnismodell sowie handlungspraktische Beispiele, die die verschiedenen Ebenen in Bildungsprozessen praxisnah illustrieren.

Um die Komplexität von Bildungsprozessen in den Kontexten Sozialer (Alten-)Arbeit erfassen zu können, wird eine Systematik benötigt, in der unterschiedliche ›Bausteine‹ ihre Berücksichtigung finden und einander zugeordnet werden. Ein Ordnungskriterium ergibt sich durch die Akzentuierung unterschiedlicher zentraler Aspekte: angenommene Relationen, Dimensionen, Interventionen, Bewältigungsaufgaben sowie Bildungsthemen, die sich aus der Alltags- und Lebenswelt der Älteren ergeben. Bildung wird dabei, wie im vorangegangenen Kapitel ausgeführt, als ein nicht abschließbarer Prozess verstanden. Das folgende Modell (▶ Abb. 2) ist sowohl von oben nach unten, von unten nach oben oder auch nur auf einzelnen Ebenen lesbar. Es kommt dabei auf die jeweilige Perspektive an, welche Aspekte als besonders relevant erscheinen.

2 Professionelles Handeln in Bildungsprozessen mit älteren Menschen

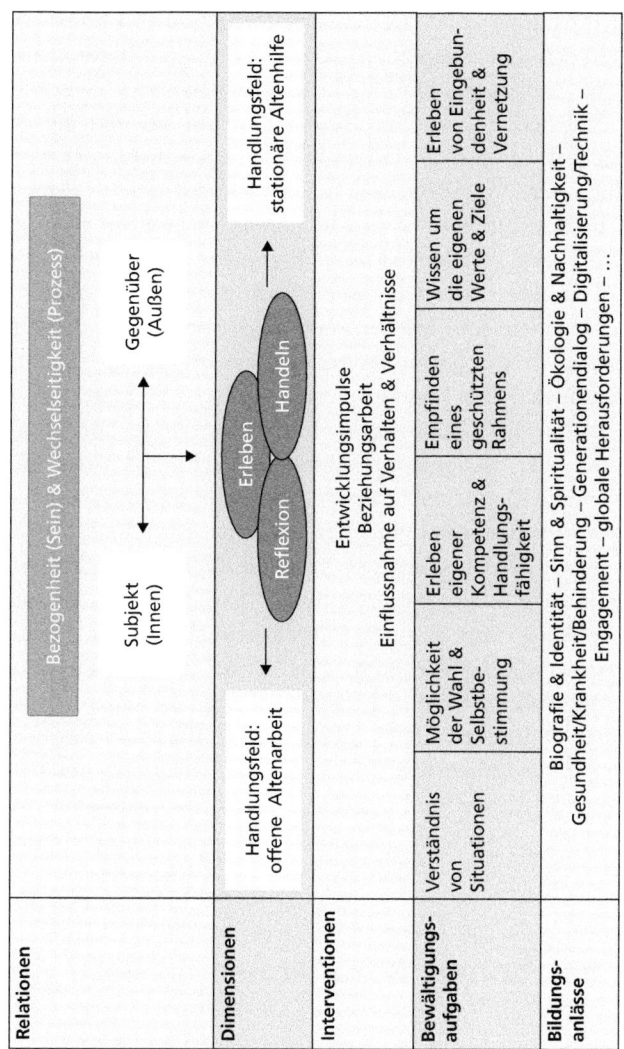

Abb. 2: Professionelles Handeln in Bildungsprozessen mit älteren Menschen – eine Übersicht (eigene Darstellung)

Das Modell baut (in der folgenden Argumentation von unten nach oben gelesen) auf den in der Geragogik derzeit diskutierten Bildungsthemen als Anlässe und Ausgangspunkte auf. Aus diesen lassen sich Bewältigungsaufgaben ableiten, die in ihrer Konkretisierung an den geragogischen Diskurs zu motivationsorientiertem Lernen (vgl. Bubolz-Lutz & Schramek 2022) anknüpfen. Interventionen lassen sich verstehen als Entwicklungsimpulse, als Beziehungsarbeit und allgemein gesprochen als Einflussnahme auf Verhalten und Verhältnisse. Lernprozesse finden in den Handlungsfeldern unterschiedlich akzentuiert in der Kombination von Reflexion, Handeln und Erleben statt. Der Lesevorgang von unten nach oben mündet in die Formulierung eines relational ausgerichteten Grundverständnisses: Der Bildungsprozess wird charakterisiert als Einlösen einer menschlichen Grundgegebenheit, nämlich der Bezogenheit. Im Fokus stehen hier das lernende Subjekt und seine unterschiedlichen Gegenüber: andere Menschen, Gruppen, Organisationen, Gesellschaft, Welt, also die persönlichen und dinglichen Kontexte. Als Prozessmerkmal wird die Wechselseitigkeit hervorgehoben. Diese Wechselseitigkeit ist ein Aspekt, der in den Bildungsinterventionen Sozialer Arbeit besondere Beachtung verdient. Auch wenn die Orientierung an einem idealtypischen Modell immer die Gefahr birgt, dass es nur ausgewählte Aspekte beleuchten und nur bestimmte Zusammenhänge darstellen kann, so lässt sich dadurch in jedem Falle ein Diskurs zum Thema *Bildung im Alter in Kontexten Sozialer Arbeit* eröffnen, der »immer wieder be- und verhandelt, be- und ersprochen, be- und erschrieben werden« kann (Kleve 2001, 15).

2.1 Relationen: Bezogenheit als Basis

Im Rahmen systemtheoretischer Verständnismodelle von menschlicher Entwicklung (vgl. Luhmann 1984) wurde bereits vor mehr als fünfzig Jahren verdeutlicht, dass ›alles mit allem zusammenhängt‹. Sowohl die systemisch orientierte Pädagogik als auch die ersten Überlegungen in der Geragogik (vgl. Petzold & Bubolz 1976) denken vom Individuum her, sehen es aber stets in Relation zu seinem Kontext. Und noch mehr: Menschwerdung und Identitätsentwicklung werden durch kontinuierliche Wechselwirkungen verschiedener Einflüsse erst möglich. Was in dem Modell als ›Gegenüber‹/›Außen‹ bezeichnet wird, hat vielfältige Namen: Es sind andere Menschen, Gruppen, Organisationen, gesellschaftliche und globale Einflüsse, aber auch örtliche Gegebenheiten, die zur Individualisierung und Sozialisation des*der Einzelnen beitragen.

Der Fokus wird im vorliegenden Modell zunächst auf die Person bzw. das Individuum gelenkt, das in Relation zu Etwas, zu einem Gegenüber, steht. Dies erweist sich insofern als anschlussfähig, als in der Sozialen Arbeit die Perspektive der Betroffenen in vielen Theorien, Methoden und Konzepten konsequent ins Zentrum gerückt wird. So wird mit dem Begriff der ›Bezogenheit‹ hier – vom einzelnen Lernenden ausgehend – auf die Beziehungsbedürftigkeit von Menschen (gerade im Alter) verwiesen.

Der Startpunkt – Das lernende Subjekt

Im Bereich der Bildung Älterer geht es vornehmlich – wie aber auch schon in früheren Lebensphasen – darum, an den jeweiligen individuellen Voraussetzungen und Eigenheiten anzusetzen und diese als Ausgangspunkt für Bildungsprozesse zu nutzen. Lernen wird dabei als »aktiv-konstruktiver, selbstgesteuerter Prozess« (Bubolz-Lutz et al. 2022, 21) verstanden, in dem das Subjekt mit seinen Lerninteressen im Zentrum steht. Greifbar wird dies in der didaktischen Ausgangsfrage, die nicht lautet, was *soll* der*die Einzelne lernen, sondern was *will* er*sie lernen? Dabei kann es sowohl um konkrete Problemlösungen als auch um persönliche Entwicklung und inneres Wachstum im Alter gehen.

Da in den Handlungsfeldern Sozialer Arbeit die mutmaßlich »größte Zielgruppe nicht die Leute sind, die bereits über genügend (Selbst-)Bildungskompetenz verfügen und ihren Bedürfnissen Ausdruck zu geben wissen, sondern jene Menschen, die gemeinhin als bildungsfern bezeichnet werden« (Kern 2018, 26), zeigt sich hier eine erste Herausforderung in der Erreichbarkeit der Adressat*innen. Für die Soziale Arbeit erscheint es besonders relevant, all jene Menschen anzusprechen, die sich

»eigentlich nicht für Bildung interessieren und sich vermutlich auch generell nicht als Lernende wahrnehmen (was nicht heißt, dass sie nicht dennoch lernen). Es geht hier also schlussendlich um das noch immer aktuelle Anliegen der Aufklärung, sich der eigenen Lernfähigkeit bewusst zu werden, und darum, diese Kenntnis nachhaltig in breiten Kreisen der Bevölkerung zu verankern« (ebd.). Der Startpunkt ist demnach ›das lernende Subjekt‹ und damit einhergehend ein konstruktivistisches Verständnis von Bildung als Selbstbildung.

Konstruktivismus

Der Konstruktivismus postuliert, dass menschliches Erleben und Lernen Konstruktionsprozessen unterworfen sind. Lernende schaffen im Lernprozess eine individuelle Repräsentation der Welt. Was jemand unter bestimmten Bedingungen lernt, hängt somit stark, jedoch nicht ausschließlich, von dem*der Lernenden selbst und seinen*ihren Erfahrungen ab (vgl. Reich 2010).

Durch die Einnahme einer konstruktivistischen Perspektive lässt sich, bspw. unter Bezugnahme auf Watzlawik (1986), nachvollziehen, dass und wie Menschen ihre eigene Wirklichkeit erschaffen. Subjekte konstruieren ihr Wissen auf der Grundlage eigener Erfahrung. Deshalb ist Lernen immer als auf sich selbst bezogener Prozess zu begreifen. In einem oft unbewussten Prozess konstruieren Menschen ihre immer subjektive Wirklichkeit. Da gerade im Alter Lernprozesse im hohen Maße biografisch geprägt sind, wirken vorangegangene Erfahrungen oft selektiv auf die Wahrnehmungen des Subjekts und beeinflussen den Lernprozess stärker als in jungen Jahren. Bildung hat also auch eine zeitliche Dimension und steht im Bezug zur Biografie und den damit verknüpften Möglichkeitsräumen und Beschränkungen. In biografischen Prozessen ergeben sich Bildungsmomente in der Reflexion *bisheriger* lebensgeschichtlicher Deutungen und der Konstruktion neuer Sichtweisen (vgl. Karl 2008, 170).

Die hier gewählte Perspektive ›vom Subjekt aus‹ bezieht sich auf das konstruktivistische Lernverständnis. Lernen wird zunächst einmal als ein autopoietischer, biografischer und lebensweltlich verankerter Lernprozess im ›Inneren‹ des Subjekts verstanden. Dieses am Subjekt ansetzende Modell erscheint insofern weiterführend, als dass hierdurch Lern- und Bildungsprozesse mit älteren Menschen in den verschiedensten Kontexten Sozialer Arbeit als aktive und selbstgesteuerte Prozesse der Akteur*innen identifiziert werden können. Die Älteren selbst rücken mit ihren Lernanliegen in den Mittelpunkt, sodass nicht danach gefragt wird, was gelernt werden *soll*, sondern was gelernt werden *will*. Begünstigt wird ein solches Vorgehen dadurch, dass es – zum Glück – für die nachberufliche Lebensphase keine Vorschriften oder gar Curricula gibt, was Inhalte von Bildungsprozessen sein sollten. Da sich Bildungsprozesse aber immer auch in Wechselwirkungen mit dem Außen vollziehen, reicht der Fokus auf das Individuum allein nicht aus, auch weil das Älterwerden selbst und auch die gesellschaftlichen Umbrüche das Individuum zum ständigen Weiter- und Umlernen auffordern.

Der Bezugspunkt – das Gegenüber

Als konstitutives Element in Bildungsprozessen lässt sich neben dem Subjekt ein Gegenüber ausmachen. Dabei kann das Gegenüber vieles sein: ein anderer Mensch, eine soziale Situation, aber auch Natur und Kultur. Auch der Blick ›in den Spiegel‹ kann Ausgangspunkt interindividueller Bildungsprozesse sein.

> »Lernen ist [...] nicht nur ein individueller, sondern auch ein sozialer Prozess, insofern sich dieser in sozialen Kontexten vollzieht. Im Austausch mit anderen stoßen Lernende auf Erfahrungen, die von den eigenen abweichen und Anlass zur Reflexion eigener Erfahrung geben können. Gelernt wird also nicht nur durch Bestätigung, sondern auch durch Differenzerfahrungen« (Bubolz-Lutz 2022, 21).

Im Prozess der Bildung geschieht eine »subjektive Aneignung, die mit Distanzierungsakten verbunden ist, in welchen das Subjekt noch über das Angeeignete verfügt; manche finden ihr Glück darin, eben nicht individualisiert zu sein, sondern mit anderen gemeinsam mitzumachen, mitzuschwingen« (Winkler 2022, 157 f.). Die Verbindung zwischen Subjekt und Gegenüber ist nun das zentrale, auch didaktisch zu rahmende Geschehen und wird im Weiteren genauer in Augenschein genommen.

Der Begegnungsmoment – Bezogenheit als Motor zum Lernen

Der Moment der Begegnung ist komplex. Er lässt sich nicht mit dem Bild einer kausalen Ursache-Wirkungskette beschreiben und bezieht sich zunächst nur auf das Selbst und seine ganz persönlichen Vorstellungen. So konstatiert Winkler (ebd., 158): Bildung als

> »eine erfahrene und erlebte Selbstwahrnehmung bleibt stets prozessual, bestimmt vor allem durch das nachdenklich gewonnene Selbstverhältnis zur eigenen Leiblichkeit. Nicht genug damit: Diese Dialektik stützt sich auf schwer zu operationalisierende Prämissen, die sich nur ganz allgemein nennen und so vorab stellen lassen: Wohlbefinden, Glück, Zugang zu Wissen und zu Denkfiguren, Können, vielleicht auch, bislang nicht genannt, aber doch im Kern des Geschehens: Liebe, als Grundmotiv eines Miteinanders. All diese Prämissen erweisen sich als bunte, flattrige Vögel, um die man sich bemühen muss, selbst für sich und immer mit anderen. Immer in Bewegung, nicht messbar – aber doch nicht zu übersehen.«

Die Bezogenheit als anthropologische Voraussetzung wird damit als zentrale Größe in Bildungsprozessen beschreibbar und macht die Wechselseitigkeit auf der Ebene des Prozesses nachvollziehbar. In ihr werden sowohl Differenz als auch Verbundenheit erlebt und machen »das gute Leben aus, das ergriffen werden kann, wenn eine Vorstellungswelt dafür zur Verfügung steht, wie sie Bildung ermöglicht« (ebd.). Auch mit Bezugnahme auf Tobias Künkler (2011, 541) lässt sich der Moment der Bezogenheit erläutern, indem er beschreibt:

> »Weil wir grundsätzlich auf Andere bezogen sind und deren Blick begehren, ist es ihr sinnstiftender Blick bzw. sind es ihre sinnstiftenden Bezugnahmen – verstanden als Anerkennung –, die Lernen als ein Anderswerden ermöglichen, damit aber auch schon immer, z.B. durch fixe Erwartungen, verhindern können.«

Dieses ›Lernen als Anderswerden‹ (ebd.) verweist auf ein transformatorisches Denkmodell, wie es Hans-Christoph Koller im Jahr 2011 eingeführt hat. Es erweist sich für die Bildungsarbeit mit älteren Menschen in Kontexten Sozialer Arbeit als anschlussfähig, da es davon absieht, kanonisierte Inhalte oder allgemeinverbindliche Ziele und Werte für Bildung auszumachen. Vielmehr wird nahegelegt, Anliegen und Themen in kommunikativen Prozessen, z.B. im direkten, alltäglichen Miteinander auszuhandeln und immer wieder neu zu bestimmen.

> **Wechselseitigkeit**
>
> Wechselseitigkeit setzt Kontakt voraus und vollzieht sich episodisch in Interaktionen (vgl. Goffman 1977, 274 ff.). Dabei lassen sich zwei Varianten im Handlungsvollzug unterscheiden: asymmetrisch (wenn ein auf Wechselseitigkeit angelegtes Handeln einseitig bleibt, oder umgekehrt; ein auf Einseitigkeit angelegtes Verhalten wechselseitig wird) oder symmetrisch (wenn ein auf Wechselseitigkeit angelegtes Handeln sich auch wechselseitig vollzieht) (vgl. Luckmann 1992, 110).

Historisch knüpft die Denkfigur der Bezogenheit als Charakteristikum des menschlichen Seins und Werdens an eine lange Tradition an. Drei große Vordenker, die allerdings jeweils unterschiedliche Bildungsbegriffe definierten und sich jeweils auf das Kindes- und Jugendalter bezogen; seien hier benannt: Martin Buber mit seinem Werk ›Ich und Du‹ zum dialogischen Prinzip (1923), Klaus Mollenhauer, der eine neue Perspektive auf Adressat*innen einbrachte, indem er diese als autonome und kompetente Personen anerkannte (1972); sowie Herman Nohl mit seinem Konzept zum pädagogischen Bezug als einem Verhältnis mit emotionaler Gegenseitigkeit (1982). Auf dieser philosophisch und geisteswissenschaftlich ausgerichteten Tradition baut die Argumentation zur *Wechselseitigkeit* in Bildungsprozessen auf. Demnach reicht es nicht, zum Verständnis des Bildungsgeschehens nur die Perspektive des lernenden Subjekts in den Blick zu nehmen. Vielmehr gilt es, den Blick zu weiten und auch das Gegenüber als zentralen Akteur zu begreifen. Damit wird der sich zwischen beiden Polen vollziehende Prozess in den Fokus gerückt. Auf diesem Verständnis von Bildung in Gegenseitigkeit basiert auch das Verständnis von Bildungsarbeit mit Älteren. Wechselwirkungsprozesse finden immer statt, auch beim Lernen *en passant*, in non-formalen und alltäglichen Situationen des Voneinander-Lernens. Zentrales Merkmal dieser Prozesse ist die Resonanz, also das empathische Mitschwingen von Gefühlen oder Gedanken anderer Menschen. In non-formalen Kontexten sind i. d. R. auch die Rollen (Lehrende & Lernende) weniger trennscharf, und nicht selten werden die Älteren selbst zu kompetenten Expert*innen einer neuen Kultur des Älterwerdens in einer sich ständig verändernden Welt (vgl.

Kruse 2010, 507 ff.). Die Wirkungen solcher wechselseitigen Bildungsmomente zeigen sich z. B. dann, wenn Ältere sich zusammenschließen und austauschen, um ihre Wohnsituation neuen Bedarfslagen anzupassen, Hilfe- und Pflegebedürftigkeit gemeinsam mit ihren Angehörigen zu managen, ihre nachberuflichen Aktivitäten (von Walkinggruppe bis zum Engagement in der Flüchtlingshilfe) zu organisieren, ihre sozialen Beziehungen trotz und mit Einschränkungen aufrechtzuerhalten und neue Netze zu knüpfen und sich bspw. auch mit digitalen Möglichkeiten kritisch auseinanderzusetzen.

Professionelle Beziehungsarbeit – zur besonderen Rolle von Fachkräften Sozialer Arbeit

Die Beziehungsgestaltung in den Kontexten Sozialer (Alten-)Arbeit wird i. d. R. geprägt von einer – in welchem Grad auch immer – helfenden Beziehung im professionellen Kontext. Die helfende Beziehung unterscheidet sich von privaten Beziehungen (vgl. Hancken 2020, 106 f.):

1. Die Beziehung findet in einem professionellen Setting statt (vom Senior*innenstudium als formalem Kontext des Lernens bis hin zum Besuch am Sterbebett in der privaten Häuslichkeit als informellem Lernort).
2. Fachkräfte werden für die Gestaltung der Beziehung entlohnt, verfolgen zumeist mit der Beziehungsgestaltung abgesteckte Ziele und ihre Interventionen sind in einem sozialarbeiterischen, i. d. R. gesetzlich manifestierten Auftrag eingebunden (der zugegebenermaßen in den Kontexten der Bildungsarbeit mit älteren Menschen noch als vergleichsweise gering einzustufen ist).
3. Beziehungen sind i. d. R. zeitlich begrenzt, da Sozialarbeiter*innen sich an Richtlinien orientieren müssen (dies zeigt sich z. B. in der Abrechenbarkeit für bestimmte Interventionen, die als solche sowohl inhaltlich als auch zeitlich zu dokumentieren sind).
4. Der Charakter der Beziehung ist geprägt durch professionelle Distanz und einseitige Fachlichkeit (dies ist insofern für die Arbeit mit älteren Adressat*innen erweiterbar, als dass diese über eigene Kompetenzen

verfügen, die oft noch stärker auch innerhalb der professionellen Beziehung angefragt und genutzt werden können).
5. Beziehungen kommen nur zum Teil freiwillig zustande, da sich Adressat*innen auch häufig in Krisensituationen oder Notlagen befinden, in denen sie helfende Angebote in Anspruch nehmen (müssen).

Es zeigt sich, dass gerade im professionellen Kontext bestimmte Rollen, Interaktionsmuster und Erwartungen mit Beziehungen verbunden werden. Inwiefern und unter welchen Bedingungen sich die Art der professionellen Beziehung auf Bildungsprozesse Älterer im Einzelnen auswirkt, ist bislang empirisch noch nicht ausreichend erforscht. Zu diskutieren wäre auch, speziell im Hinblick auf die jetzt nachwachsende Generation der Babyboomer, ob die Bezeichnung der ›helfenden Beziehung‹ passt bzw. wie die Begriffe des Helfens und Bildens im Kontext Sozialer Arbeit einander zuzuordnen sind. Klar ist aber: Es ist eine besondere Qualität der Beziehung, die nicht mit der Interaktions-Lern-Beziehung von Schüler*innen und Lehrer*innen, die sich in ungleichen Machtkonstellationen vollziehen, gleichzusetzen ist. So wird in der Geragogik die Vorstellung von einem gemeinsamen ›Lernraum‹ diskutiert, in den sich Lernbegleiter*innen und Lernende begeben und gemeinsam (auf begrenzte Zeit) Neues entwickeln.

2.2 Dimensionen und Interventionen: Erleben als Grundlage für Reflexion und Handeln

Die Soziale Arbeit mit älteren Menschen findet in vielen Handlungsfeldern Sozialer Arbeit (▶ Kap. 3.1) mit dort immer älter werdenden Klient*innen (z. B. in der Behindertenhilfe, Suchthilfe, Wohnungslosenhilfe, aber auch Familienbildung etc.) sowie in eigenen ausgewiesenen Feldern statt: der offenen Altenarbeit (▶ Kap. 3.2) und der stationären Altenhilfe (▶ Kap. 3.3). In all diesen Feldern lässt sich das ›Erleben‹ als zentrale

Grundlage für Reflexions- und Handlungsdimensionen in Bildungsprozessen erfassen. Menschen setzen sich auf der Grundlage konkreter Erlebnisse (Anregungen können z.B. durch ein Buch, ein Gespräch, eine Beobachtung u. v. m. geschehen) reflexiv mit sich selbst auseinander und bewerten diese *Erlebnisse* »im Hinblick auf ein gelingendes Leben« (Breloer 2000, 42). In Situationen des Alltags werden solche Prozesse häufig durch konkrete Handlungserfordernisse angestoßen. Erfolgserlebnisse bei der Problemlösung werden dann oft zu Motoren für weiteres Lernen. In alltäglichen Situationen verdichten sich – der Argumentation dieses Modells folgend – Eindrücke zu Lernthemen (z.B. der Umgang mit dem bald anstehenden Ausscheiden aus dem Berufsleben oder der Umzug in eine Altenwohneinrichtung, ▶ Kap. 2.4) und rufen nach Bewältigung oder vorausschauendem Handeln (z.B. nach dem Erfahren eigener Kompetenz und Handlungsfähigkeit, ▶ Kap. 2.3). Wenn ältere Menschen bspw. mit Wendepunkten konfrontiert sind und von ihnen berührt werden, können solche »Irritationserlebnisse« (Schäffter 1993 &1996) Anlässe für Reflexionen und daran anschließende konkrete Handlungen sein. Diese können als Ergebnisse von Bildungsprozessen verstanden werden. Teil der professionellen Bildungsarbeit ist es demnach, sowohl eine ›reizvolle‹ Umgebung zu gestalten und somit Erlebnisse bis ans Lebensende zu ermöglichen als auch diese als Grundlage für Reflexions- und Handlungssequenzen zu nutzen.

Die Verknüpfung von Reflexion und Handeln ist in der Geragogik programmatisch und vor dem Hintergrund zu betonen, dass im Rahmen bildungswissenschaftlicher Diskurse dem Handlungsaspekt beim Lernen bisher eher selten Beachtung geschenkt wurde. Zur Fundierung der geragogischen Perspektive in der Sozialen Arbeit ist aber gerade die Handlungsperspektive weiterführend. Um das professionelle Rollenverständnis von Fachkräften Sozialer Arbeit, die sich als Bildungsbegleiter*innen verstehen, zu schärfen, sind folgende Fragen zu stellen: Was macht die professionelle Identität eines ›Sozialgeragogen‹ oder einer ›Sozialgeragogin‹ (Steinfort-Diedenhofen 2018a) aus? Was sind Eigenschaften, Strukturmerkmale und Wissensbestände, die die Eigenheiten legitimieren?

> **Sozialgeragogik**
>
> An der Schnittstelle von Erwachsenenbildung und Sozialer Arbeit betont die Sozialgeragogik die individuellen und gesellschaftlichen Lern- und Bildungsoptionen. Dabei zielt die Sozialgeragogik auf differenzierte und sensible Betrachtungen konkreter Lern- und Bildungsanlässe älterer Menschen sowie der Kontexte, in den denen sie leben (vgl. ebd., 66). Die Sozialgeragogik betont Bildung und lebenslanges Lernen als Grundrecht für alle, nutzt als Orientierung den Alltag und die Lebenswelten und zielt durch Bildungs-, Beratungs- und Begleitungsinterventionen auf Befähigung und Teilhabe ihrer Adressat*innen.

Die Beschreibung der sozialgeragogischen Perspektive ist insofern schwierig, als auch die Frage nach der Profession Sozialer Arbeit hinsichtlich ihrer eigenen Identität aktuell noch immer durch »typische ›Pubertätsprobleme‹ einer nur langsam erwachsen werdenden Profession« (Galuske 2011, 123) geprägt ist. Zahlreiche Publikationen und Beiträge kennzeichnen das breite Feld des Professionalisierungsdiskurses der Sozialen Arbeit. Als Gründe für die Schwierigkeit der Klärung werden u. a. die Vielzahl unterschiedlicher Handlungsfelder und Problembereiche identifiziert. In ihrer Allzuständigkeit hinsichtlich der unterschiedlichen Lebensbewältigungsfragen sowie der strukturellen Heterogenität helfender Berufe, die ihre je eigenen Interessen und nicht immer identischen Forderungen einbringen, bleibt die Identitätskonstruktion der Sozialen Arbeit ein schwieriges Unterfangen (vgl. Kleve 2007, 29).

Für die Handlungsfelder der Sozialen (Alten-)Arbeit und die dort stattfindenden Bildungsprozesse erscheint es jedoch weiterführend, die von Maja Heiner (2011, 46) benannten drei identitätsstiftenden Komponenten Sozialer Arbeit aufzugreifen. Diese sind (1) Beziehungsarbeit, (2) der Anspruch, auf das Verhalten von Personen sowie auf deren Lebensverhältnisse Einfluss zu nehmen, und (3) Initiierung von Veränderungsimpulsen auf institutioneller und infrastruktureller Ebene. Dieser Dreiteilung folgend wird nun abschließend ein sozialgeragogisches Interventionsschema entworfen, dass diese Komponenten integriert (▶ Tab. 1).

Tab. 1: Sozialgeragogische Interventionen und Fragen, die bei den Lernenden angestoßen werden sollen

Sozialgeragogische Intervention (▶ Abb. 2)	Resonanz des Lernenden (intendiert)
Entwicklungsimpulse z. B. Anregung zur Weiterentwicklung eigener Kompetenzen	Was möchte ich/möchten wir lernen?
Beziehungsarbeit z. B. ›sichernde‹ Rahmenbedingungen, Klarheit der Rollen in der jeweiligen Situation	Wie wollen wir miteinander und voneinander lernen?
Einflussnahme auf Verhalten und Verhältnisse z. B. Bildung Älterer als Anliegen auf institutioneller und infrastruktureller Ebene verankern	Welche Orte werden zum Austausch gebraucht? Wozu?

Eigene Darstellung

Diese drei Interventionsvarianten werden nun anhand von Fallbeispielen konkretisiert.

Fallbeispiel 1: Sozialgeragogische Intervention als Entwicklungsimpuls

Frau H. wünscht sich, auch mit zunehmendem Unterstützungsbedarf, möglichst lange selbstständig in ihrer Wohnung zu leben. Zur Klärung vieler offener Fragen sucht sie eine Senior*innenberatung im Stadtbezirk auf. Dort erhofft sie sich Informationen, Beratung und Unterstützung. Die*der Sozialarbeiter*in kann Frau H. dazu anregen, über die Entwicklungschancen der Situation nachzudenken. So kann er*sie konkret fragen: Was benötigen Sie, um für sich einen passenden Weg zu finden? Wie ließe sich dieser konkret angehen? Was kann ich dafür tun und wie?

Fallbeispiel 2: Sozialgeragogische Intervention als Beziehungsarbeit

Im Rahmen einer Projektwoche in einer weiterführenden Schule sind ältere Menschen als Expert*innen für Nachhaltigkeit eingeladen. Sie berichten den Schüler*innen, wie sie in ihrer Kindheit mit wenig Dingen gelebt und überlebt haben. Über das gemeinsame Tun (z. B. Kochen, handwerkliche Angebote) möchten die Freiwilligen ihr Wissen an die jüngere Generation weitergeben und mit ihr in Kontakt kommen. Die Sozialarbeiter*innen regen dabei immer wieder beide Generationen an, nach gemeinsamen Themen und Anliegen zu suchen und auch die Rollen von Lehrenden und Lernenden flexibel zu gestalten. So werden z. B. auch angrenzende Themen wie Fridays for Future oder »Klimakleber« diskutiert, und die Teilnehmenden fragen danach, welche Unterschiede und Gemeinsamkeiten es zwischen den Generationen gibt.

Fallbeispiel 3: Sozialgeragogische Intervention als Einflussnahme auf Verhalten und Verhältnisse

Viele ältere Menschen wünschen sich neue soziale Kontakte und die Möglichkeit, sich interessengeleitet mit Themen auseinanderzusetzen und für Dinge zu engagieren, die ihnen wichtig sind. Dazu benötigen sie – nicht immer, aber oftmals – zur Anbahnung von Kontakten und zur Sicherung von Rahmenbedingungen professionelle Unterstützung und Begleitung, auf die sie nach Bedarf zurückgreifen können. Dies können z. B. lokale Servicestellen für selbstorganisierte Netzwerke für ältere Menschen sein. Ältere fragen sich bspw.: Was brauche ich, damit ich auch zum Wohle anderer aktiv werden kann? Was muss sich ändern?

In den drei Beispielen wird deutlich: Die sozialgeragogische Intervention kann in unterschiedlichen Interventionsformaten erfolgen, als »Bildung, Beratung und Begleitung« (Steinfort-Diedenhofen 2018a, 64). Steht im ersten Beispiel eher der Begriff der Beratung im Fokus und im zweiten der der (intergenerationellen) Bildung, so wird im dritten Beispiel deutlich, dass sich das professionelle Handeln auch auf die Begleitung von Personen beziehen kann, die von sich aus Verhältnisse verändern wollen. Hierfür ist der Begriff der (Lern-)Begleitung bereits seit längerem eingeführt. Gemeinsam haben die drei Beispiele, dass es im Kontext der Bildungsarbeit mit älteren Menschen nicht darum geht, Wissen weiterzugeben, sondern dass sich Lernen in wechselseitigen Prozessen des Voneinander-Lernens vollzieht. Die Soziale Arbeit bietet Möglichkeiten und Orte, in denen Lernprozesse angeregt und begleitet werden. Die daraus resultierende professionelle Haltung lässt sich abschließend treffend folgendermaßen zusammenfassen: Der*die Sozialarbeiter*in (i. O. »der Lehrer«)

»tut gut daran, sich selbst ebenfalls als Lernenden, als Fragenden oder als jemanden zu verstehen, der sich auf dem Weg zu größerer Vollkommenheit befindet. Deshalb wird es als wesentlich angesehen, die Menschen anzuregen und ihnen zu helfen, über sich selbst und über ihr Leben nachzudenken, Prozesse der Selbsterfahrung in Gang kommen zu lassen. […] Denn wahre Bildung entsteht vor allem dort, wo Menschen in gegenseitigem Geben und Nehmen zusammenleben« (Böcher 1996, 259).

2.3 Motivation zur Veränderung und Bewältigung von Lebens- und Entwicklungsaufgaben

Wenn wir danach fragen, wie sich Alltagserfahrungen zu Lernthemen verdichten und individuell so bewertet werden, dass damit ein – wie auch immer gelagerter – Lernprozess begonnen wird, dann ist zwingend erforderlich, nach den damit verbundenen Motivationen zu fragen. Was bringt Individuen, aber auch Gruppen, Organisationen und Gesellschaften dazu, sich weiterzuentwickeln? Welche Erfahrungen motivieren Menschen, zu lernen und ›dran-‹zubleiben? Wenn Schwierigkeiten auftreten, lässt sich fragen: Welche Erfahrungsräume fehlen? Was brauchen ›Betroffene‹, um wieder handlungsfähig zu werden? Die Erfassung von Vorhandensein und Fehlen allgemein relevanter förderlicher Lernbedingungen sowie individueller Motivationspräferenzen kann helfen, hier besonders wichtige Lücken zu identifizieren und zur Planung professionellen Handelns dort weiter anzusetzen. Die Geragoginnen Elisabeth Bubolz-Lutz und Renate Schramek skizzierten dazu den neuen Ansatz des »Motivations-Orientierten Lernens« (2022, 9). Sie fragen, was Menschen bei der Bewältigung kritischer (Lebens-)Ereignisse hilft und was sie in der Gestaltung ihres Lebens stärkt. Daraus folgern sie, dass es wichtig ist, die lernförderlichen Bedingungen zu kennen und diese bei der Planung von Interventionen zu berücksichtigen. Die Erkenntnisse basieren auf Zusammenführungen von Untersuchungsergebnissen verschiedener Bereiche: der Lernpsychologie, der Sozialpsychologie und der Sozialmedizin (vgl. Antonovsky 1993; Deci & Ryan 1993; Kasser 2004; Paulus 2022).

Motivations-Orientiertes Lernen

Dem Ansatz des Motivations-Orientierten Lernens zufolge wird die Motivation zur Veränderung und zur Bewältigung von Lebens- und Entwicklungsaufgaben durch folgende Faktoren gestärkt: (1) das Verständnis der eigenen Situation; (2) die Möglichkeit der Wahl und die Selbstbestimmung; (3) das Erleben eigener Kompetenz und Handlungsfähigkeit; (4) das Empfinden eines geschützten Rahmens; (5) das Wissen um die eigenen Werte und Ziele und (6) das Erleben von Eingebundenheit und Vernetzung (vgl. Bubolz-Lutz et al. 2022,173).

Diese Faktoren lassen sich weiterführend als didaktische Orientierungen für die Gestaltung von Lernprozessen nutzen (▶ Kap. 5.3).

2.4 Alltagserfahrungen als Anlässe für Bildung

Was das Dritte, Vierte und Fünfte Alter grundsätzlich, d. h. in Bezug auf die damit verbundene Planung von Lernprozesse, von anderen Lebensphasen unterscheidet, ist die fehlende Festschreibung dessen, was üblicherweise zu dieser Zeit altersspezifisch gelernt werden sollte (dies ist auch zugleich die große Chance dieser Lebensphase). Das thematische Spektrum der Altersbildung ist entsprechend weit gefasst und nur schwer einzugrenzen. Auch wenn seit den 1990er Jahren immer wieder versucht wird, die Bildungsthemen zu systematisieren, muss doch zunächst darauf hingewiesen werden, dass prinzipiell alle Bildungsthemen im Alter denkbar sind. Hinzu kommen, wie auch in vorherigen Lebensphasen, altersspezifische Themen oder Inhalte zum Prozess des Alterns, die zum eigenen Lebenslauf in Bezug gesetzt werden. In der nachberuflichen/nachfamiliären Lebensphase rücken Verpflichtungen zum Lernen in den Hintergrund (wie z. B. die berufliche Aufforderung, eine bestimmte Weiterbildung zu besuchen). Vielmehr sind es die Alltäglichkeiten, die Lernanlässe bieten, wie sie Elisabeth Bubolz-Lutz und Claudia Stöckl (2017) aus einer alltagsweltlichen Perspektive beschreiben:

> »Es sind die Menschen selbst, die im Älterwerden ihre Positionen neu (er-)finden, die sich entscheiden, Neues hinzuzulernen, um den Anschluss nicht zu verpassen, oder alte Wissensbestände ›ruhen‹ zu lassen. Dieser Prozess ist nicht immer mit einer Entscheidung ›aus freien Stücken‹ verbunden. Vielfach ähnelt er einem ›sich Ergeben‹, einem Einfinden in neue Umstände, die ›das Leben selbst‹ aufgibt« (ebd., 113).

Da ›die Alten‹, wie in den vorangegangenen Kapiteln erläutert, keine homogene Gruppe sind, begegnen ihnen sehr unterschiedliche Lernanlässe in ihren konkreten Alltags- und Lebenswelten. Die Themen, mit denen sich Menschen im Dritten, Vierten und Fünften Alter beschäftigen möchten oder müssen, gehen vielfach zurück auf lebenslange Entwicklungsprozesse. Dies umfasst auch soziale und psychologische Faktoren und Ungleichheiten. Auch prägen akute, z. B. leibliche, Erfahrungen die Wahrnehmung der eigenen Lebenssituationen und daraus resultierender Lernherausforderungen. Darauf verweist auch Ute Karl (2008, 168): »Es ist also das Alter selbst, das bisherige Bestimmtheiten immer wieder brüchig werden lässt. Ob allerdings tatsächlich Bildungsprozesse stattfinden, hängt davon ab, inwiefern diese Herausforderungen zu veränderten Selbst- und Weltverhältnissen führen.« Alltägliche Erfahrungen verdichten sich zu Lern- und Bildungsanlässen und bilden konkrete Ausgangspunkte. Um diese für Bildungsprozesse im und für das Alter(n) ›greifen‹ zu können, werden im eingeführten Modell (▶ Abb. 2) auf insgesamt acht Bildungsthemen zurückgegriffen (Bubolz-Lutz et al. 2022, 188 ff.) und diese um ein neuntes Thema – die globalen Herausforderungen – ergänzt.

Es zeigt sich ein breites thematisches Spektrum möglicher Lernbereiche, die sich aus den lebensweltlichen Erfahrungen ergeben (können).

Lernbereiche entlang lebensweltlicher Erfahrungen

- *Biografie und Identität* → einen sensiblen und aufmerksamen Umgang mit der eigenen Lebensgeschichte und biografischen Prägungen finden.
- *Sinn und Spiritualität* → zurückliegende Lebenserfahrungen in eine Ordnung bringen und (neu) bewerten; Bewältigung von Sinnfragen in kritischen Lebensereignissen oder menschlichen Grenzsituationen.
- *Kreative Lebensgestaltung* → im schöpferischen Umgang mit der eigenen Ausdruckskraft zur Gestaltung der eigenen Identität und zur Teilhabe.
- *Ökologie und Nachhaltigkeit* → Auseinandersetzung mit eigenen und gesellschaftlichen Werten und die Entwicklung einer nachhaltigen Haltung.
- *Gesundheit/Krankheit/Behinderung* → Investitionen in Gesundheitsförderung und Prävention, aber auch Leben lernen mit Einschränkungen.
- *Generationendialog* → Wechselseitigkeit zum Verständnis fördern, generationenspezifische Fähigkeiten nutzen.
- *Digitalisierung/Technik* → z. B. Überwindung von Barrieren digitaler Teilhabe und eine abwägende Nutzung von (digitalen) Hilfsmitteln.
- *Engagement* → aktive und mitverantwortliche Teilhabe am gesellschaftlichen Leben.
- *Globale Herausforderungen* → Anpassung an Krisen und Konflikte, deren Lösungen größtenteils außerhalb der eigenen Einflussmöglichkeiten liegen.

Die ›globalen Herausforderungen‹ bilden ein neues geragogisches Bildungsthema, wobei seine Begründung auf den wegweisenden Erziehungswissenschaftler Wolfgang Klafki verweist. Bildung bedeutet für ihn die Fähigkeit und Bereitschaft zur Selbstbestimmung und Selbstentfaltung sowie zur Mitbestimmung und Mitgestaltung der unmittelbaren sozialen und ökologischen Umwelt. Bildung vollzieht sich seinem Verständnis nach als »Aneignung der die Menschen gemeinsam angehenden Frage- und Problemstellungen ihrer geschichtlich gewordenen Gegenwart und der sich abzeichnenden Zukunft und als Auseinandersetzung mit diesen gemeinsamen Aufgaben, Problemen [und] Gefahren« (Klafki 1996, 53). Folgt man Klafkis Überlegungen, müssen für die Gestaltung von Lernprozessen im Alter und für das Altern zunächst die »epochaltypischen Schlüsselprobleme« (Klafki 2007) identifiziert werden, also die gegenwärtigen Kernprobleme und möglichen künftigen Herausforderungen. Als epochaltypische Schlüsselprobleme identifiziert der Erziehungswissenschaftler selbst u. a. die Umweltfrage, die Friedensfrage, die gesellschaftlich produzierte Ungleichheit, Gefahren und Möglichkeiten der neuen technischen Steuerungs-, Informations- und Kommunikationsmedien, die Subjektivität des*der Einzelnen und das Phänomen der Ich-Du-Beziehungen. Was Klafki hier als »epochale Schlüsselprobleme« fasst, wird im Hinblick auf die Soziale Arbeit im Überblicksmodell zum professionellen Handeln in Bildungsprozessen mit älteren Menschen nochmals besonders mit dem Begriff ›globale Herausforderungen‹ herausgestellt.

Aktuelle globale Themen

Als drei große globale Themen der aktuellen Zeit lassen sich identifizieren:

1. der Umgang mit dem Klimawandel (z. B. Notwendigkeit der Anpassung des eigenen Verhaltens aufgrund von Hitzewellen);
2. die Corona-Pandemie (z. B. im Hinblick auf Fragen zum Anliegen Schutz und Selbstbestimmung);
3. der von Putin gegen die Ukraine begonnene Krieg in Europa (mit den dadurch bei vielen Älteren verbundenen Konfrontationen mit

> traumatischen Kindheits- und Jugenderlebnissen, Ängsten und Existenzsorgen). Insofern verweist dieser letztgenannte Aspekt auf die Notwendigkeit von politischer Bildung im Alter, bei der Zusammenhänge erfasst werden und zu politischem Handeln ermutigt wird.

Die Perspektive auf globale Zusammenhänge und politische Bildungsarbeit mit Älteren erhält bislang im geragogischen Diskurs nur eine geringe Aufmerksamkeit. Mit der Erweiterung des Blickfelds auf die Prozesse von Bildungsarbeit mit älteren Menschen auf eine übergeordnete globale Zone lässt sich betonen, dass die Weltgesellschaft zum einen trotz aller Globalisierungsdynamiken durch sehr ungleiche Bedingungen des Alter(n)s geprägt ist und es zum anderen Frage- und Problemstellungen gibt, die nur durch globale Beantwortungen gemeinsam zu lösen sind. So stellt bspw. der Klimawandel große Lernaufgaben an die Weltgesellschaft und fordert dazu auf, gemeinsam nach Antworten zu suchen und ins Tun zu kommen (vgl. Steinfort-Diedenhofen 2021, 2022a).

Auf den Punkt gebracht

Die Bandbreite der Themen, die Ausgangspunkte für Bildungsprozesse sein können, ist groß. Um konkrete Anlässe für Bildungsprozesse im und für das Alter(n) zu konkretisieren, nimmt das hier vorgestellte Modell Bezug auf die Grundgegebenheit der menschlichen Bezogenheit und die Vorstellung von Bildung als einem auf Wechselseitigkeit angelegten Prozess. Gefragt werden die Älteren selbst, was sie zur Bewältigung von Wendepunkten, kritischen (Lebens-)Ereignissen und zur Gestaltung ihres Lebens im Alter benötigen. Leitende These ist, dass die Kenntnis dieser Bedarfe für die Planung professioneller Interventionen unerlässlich ist.

Ziel ist, dass ältere Menschen in Bildungssituationen als Subjekte ihre Gefühle und Bedürfnisse einbringen – dass sie also als Akteur*innen und nicht nur als Adressat*innen angesprochen werden. Dem hier vorgestellten Prinzip der Wechselseitigkeit entsprechend sind die

Rollen im Bildungsgeschehen flexibel gestaltbar – es geht oftmals um eine gemeinsame Suche nach geeigneten Lösungsmöglichkeiten. Professionelle sind hier Impulsgebende, Beratende und Begleitende im Hinblick auf die Entwicklung von Fähigkeiten zur Selbstorganisation. So entsteht »wahre Bildung [...] vor allem dort, wo Menschen in gegenseitigem Geben und Nehmen zusammenleben« (Böcher 1996, 259). Die Wechselseitigkeit anzuregen, zu begleiten, selbst Teil davon zu sein und/oder auch nur professionell zu rahmen, ist Aufgabe einer auf Bezogenheit ausgerichteten Sozialen Arbeit mit älteren Menschen, die Bildungsprozesse konsequent mitdenkt.

Reflexionsfragen

- Welche Bedingungen sind wichtig, um lernen zu können?
- Was können Sozialgeragog*innen tun, um wechselseitige Lernprozesse zu ermöglichen?
- Wie können Menschen im Dritten, Vierten und Fünften Alter angeregt werden, über sich selbst und über ihr Leben nachzudenken, um z. B. den Blick von innen nach außen zu weiten?
- Wie kann es gelingen, die Einzelnen als Subjekte und Gestalter*innen ihres eigenen Lebens und ihrer Verhältnisse wahrzunehmen?
- Wie lässt sich Bezogenheit in konkreten Situationen herstellen, ohne dass es zu Abhängigkeiten und Grenzüberschreitungen kommt?

Weiterführende Literatur

Bubolz-Lutz, Elisabeth (2022): ›Begleitung‹ als Basiskonzept und Praxis der Geragogik – zur Bedeutsamkeit von Lernmotivationen und dem Prinzip der Wechselseitigkeit. In: Schramek, Renate, Steinfort-Diedenhofen, Julia & Kricheldorff, Cornelia (2022): Diversität der Altersbildung. Geragogische Handlungsfelder, Konzepte und Settings. Stuttgart: Kohlhammer, 21–39.

Steinfort-Diedenhofen, Julia (2022a): Entwicklungen und Positionen zu Bildung und Lernen in der Sozialen Arbeit mit alten Menschen. In: Bleck, Christian & van Rießen, Anne (Hrsg.): Soziale Arbeit mit alten Menschen. Wiesbaden: Springer VS, 157–170.

3 Ansatzpunkte und Zugänge Sozialer (Alten-)Arbeit

☞ **Überblick**

Im folgenden Kapitel wird in die unterschiedlichen Handlungsfelder Sozialer Arbeit mit älteren Menschen eingeführt und darin aufgezeigt, welche Ansatzpunkte und Zugänge es für die Anregung und Begleitung von Bildungsprozessen gibt. Bezogen wird sich besonders auf die zwei klassischen Handlungsfelder der Sozialen Arbeit mit älteren Menschen: die offene Altenarbeit und die stationäre Altenhilfe im Kontext von Pflege. Ein besonderer Blick wird auf die Zugänge und Ermöglichungen für Bildungsprozesse im Alter gelegt. Die Soziale Altenarbeit wird in verschiedenen Formaten, verschiedenen Feldern, zu verschiedenen Zeitpunkten sowie nach Arbeitsfeldtypen vergleichend vorgestellt. Es wird gezeigt, welche Aufgabe Sozialarbeiter*innen darin jeweils übernehmen.

3.1 Soziale (Bildungs-)Arbeit mit älteren Menschen – Konturierungen

Die Handlungsfelder Sozialer Arbeit mit älteren Menschen orientieren sich an Lebensaltersstufen, an Lebensverläufen sowie an Lebenslagen. Wie auch mit jüngeren Zielgruppen ist es für die Soziale Arbeit mit älteren Menschen typisch, dass die verschiedenen Arbeitsfelder »handlungsfeldintern in verschiedene Interventionsgrade unterteilt sind, sodass die jeweiligen Dienstleistungsangebote damit von offenen über ambulante bis hin zu vollstationären Hilfeformen reichen« (vgl. Schulz & Farrenberg 2020, 123). Für die Soziale Arbeit mit älteren Menschen werden zudem unterschiedliche Begriffe verwendet. Nachvollziehen lässt sich diese Vielfalt heutiger Begriffe und dahinterstehender Arbeitsfelder, wenn zwei prägende historische Wurzeln zurückverfolgt, werden:

1. Die sozialpädagogische Traditionslinie, die mit dem Begriff der *Altenarbeit* alle anderen Bereiche umfasst, nämlich freizeitorientierte Angebote, Kulturarbeit, Bildungsarbeit sowie Beratung/Vermittlung von Angeboten zur sozialen Teilhabe (► Kap. 3.2).
2. Die eher fürsorgerische, sozialarbeiterische Entwicklungslinie, die vor dem Hintergrund der fürsorgerischen Tradition verschiedene Angebote der *Altenhilfe* tituliert. Hierzu zählen Angebote aus dem Bereich Gesundheit und Pflege wie gesundheitsbezogene Beratungsstellen, Gesundheitsarbeit und Rehabilitation, Krankenhaus/Geriatrie, Gerontopsychiatrie, Palliativversorgung und die pflegerische Versorgung. Letztere wird weiter unterteilt in ambulante, teilstationäre und stationäre Angebote (► Kap. 3.3).

Dieser Unterscheidung zwischen *Altenarbeit* mit nichtpflegebedürftigen Älteren und *Altenhilfe* im Kontext von Hilfe- und Pflegebedürftigkeit begrifflich zu folgen, ist insofern weiterführend, als diese rechtlich unterschiedlich gerahmt sind (vgl. Aner 2020, 30). »Sinnvoller noch ist, von Sozialer (Alten-)Arbeit zu sprechen und damit die beiden Traditionslinien (Sozialarbeit und Sozialpädagogik) unter einem gemeinsamen Begriff zu vereinen« (ebd.). Gängig ist auch die Bezeichnung Senior*innenarbeit – speziell im Zusammenhang mit der offenen Altenarbeit. Da aber viele der Älteren selbst den Begriff der Senior*innen kritisieren, wird – auch in Ermangelung von Alternativen zur Benennung der Zielgruppe – im vorliegenden Buch der Begriff nicht weiter genutzt.

Der Gegenstand des Arbeitsfelds der Sozialen Arbeit mit älteren, alten und hochaltrigen Menschen stellt, nicht nur aufgrund der oben beschriebenen Geschichte, eine zunächst unübersichtliche Landschaft dar. Je nach

Kontext werden spezifische Zugänge gesucht und gefunden und unterschiedliche Ziele verfolgt. Die Soziale Arbeit findet in verschiedenen Feldern, zu unterschiedlichen Zeitpunkten und in unterschiedlichen Arbeitsfeldtypen statt (▶ Tab. 2).

Nachdem nun der Gegenstand der Sozialen Arbeit mit älteren Menschen konturiert ist, werden in den nächsten beiden Kapiteln zwei Arbeitsfelder – die offene Altenarbeit sowie die stationäre Altenhilfe – weiter konturiert.

3.2 Bildungsarbeit in der offenen Altenarbeit

Die sog. ›offene Altenarbeit‹ ist, analog zur offenen Jugendarbeit (Schulz & Farrenberg 2020, 81 ff.), dadurch gekennzeichnet, dass sie eine Vielzahl an Angeboten für ihre Zielgruppen bereitstellt, die den Adressat*innen unabhängig von Pflegebedarf oder sonstiger Leistungsbezüge zur Verfügung stehen. Diese Angebote sind frei zugänglich und sozialräumlich eingebettet. Beispiele dafür sind Beratungsangebote, bildungsorientierte sowie kulturelle Angebote oder Angebote der Freizeitgestaltung und Stärkung des freiwilligen Engagements (vgl. Aner 2020, 29). Im Hinblick auf die Kategorisierung nach Arbeitsfeldtypen (vgl. Thole 2012, 28) kann die offene Altenarbeit als lebensweltunterstützendes sowie ergänzendes Handlungsfeld in der Sozialen Arbeit identifiziert werden. Im Handlungsfeld der offenen Altenarbeit stehen aktivitätsbetonte, individualisierte Angebote im Vordergrund, auch wenn es noch immer in vielen Begegnungsorten traditionelle ›Senior*innennachmittage‹ mit Kaffee und Kuchen gibt. Insgesamt ist das Handlungsfeld der offenen Altenarbeit durch eine große Diversität geprägt, und es lassen sich nur schwer eindeutige Abgrenzungen und Charakteristika zur Klassifizierung benennen. Hilfreich erscheint dennoch die Orientierung an den bereits im Jahr 2001 von der Gerontologin Engel vorgelegten Kennzeichnungsmerkmalen nach Veranstaltungsort (eigene Räume und/oder Inanspruchnahme sonstiger Sozialräume), Organisationsform (professioneller Rahmen und/oder

Tab. 2: Felder, Zeitpunkt und Settings Sozialer Arbeit mit älteren Menschen

Felder			
Freizeit	**kulturelle Bildung, Kulturarbeit**	**Bildung und Lernen**	**Gesundheit und Pflege**
Gestaltung von freier Zeit, offenen Altentreffs, Urlaube für Ältere oder Freizeitgestaltung im Heim	in kulturnahen Orten, z. B. soziokulturelle Zentren, kirchliche Altenarbeit oder Migrationssozialarbeit	altersspezifische Bildungsanliegen in informellen, non-formalen und formalen Formaten	Soziale Arbeit in der Geriatrie & Gerontopsychiatrie

Zeitpunkte			
präventiv	**rehabilitativ**	**palliativ**	
Krankheitsprävention und Soziale Gesundheitsarbeit	Soziale (Alten-)Arbeit in der Rehabilitation	Soziale Arbeit in der Hospiz- und Palliativversorgung	

Arbeitsfeldtypen			
lebensweltergänzend	**lebensweltunterstützend**	**lebensweltersetzend**	
Beratungsangebote wie Pflegeberatungen, Case Management & Wohnberatungen	Maßnahmen der offenen Altenhilfe in Begegnungszentren & Tagespflegeeinrichtungen	Angebote in stationären Altenhilfeeinrichtungen	

Gekürzte Darstellung aus Steinfort-Diedenhofen 2022b, 246

Selbstorganisation), Methoden (Vortrag, angeleitete Gruppenarbeit, Individualverantwortung und/oder Stadtteilarbeit) und Zielen (Bildung, Beratung, Information, Freizeitgestaltung, Anregung, Integration etc.) (vgl. ebd., 56).

Da der Anteil älterer Menschen in unserer Gesellschaft stetig ansteigt, eröffnet sich im Bereich der offenen Altenarbeit ein großes und von vielen Veränderungsprozessen gekennzeichnetes Aufgabenfeld. Durch medizinische Fortschritte, verbesserte Lebens-, Arbeits- und Versorgungsbedingungen sowie der damit verbundenen Verlängerung der Lebenserwartung wird die lange Phase des Alters zur frei gestaltbaren Lebenszeit. Auch Menschen mit physischen, psychischen oder kognitiven Beeinträchtigungen erreichen immer häufiger diese Lebensphase, ebenso wie viele andere Adressat*innengruppen Sozialer Arbeit (Wohnungslose, Suchtkranke, Menschen mit Fluchtbiografie). Die gestiegene Lebenserwartung birgt sowohl Chancen als auch Herausforderungen, die auch von der Sozialen Arbeit in Disziplin und Profession zu berücksichtigen sind. Durch die Ausweitung der Altersphase entsteht hier ein vielfältiges Handlungsfeld, das sich an den unterschiedlichen Bedürfnissen und Bedarfen zur Ermöglichung von Selbstbestimmung und Teilhabe der älteren Menschen kontinuierlich weiterentwickelt. Für die offene Altenarbeit bedeutet das, sich auf die individuellen Bedarfe flexibel einzustellen und die Bedarfe mit den jeweiligen strukturellen Gegebenheiten vor Ort zusammenzubringen. Für Studierende der Sozialen Arbeit eröffnet sich also ein vielfältiges Handlungsfeld, in dem es viele Gestaltungsräume, aber auch Herausforderungen gibt.

Fallbeispiel: Offene Altenarbeit

Sie arbeiten in einer Senior*innenbegegnungsstätte, die konzeptionell neu aufgestellt werden soll. Ihre Aufgaben sind die Organisation von Bildungs- und Freizeitangeboten, die Unterstützung selbstorganisierter Aktivitäten der Senior*innen, die Koordination von Freiwilligem Engagement von Älteren und für Ältere sowie Beratungsangebote. Ebenfalls kümmern Sie sich um Finanzierungsmöglichkeiten und die Öffentlichkeitsarbeit und arbeiten aktiv in vielen Netzwerken mit.

3 Ansatzpunkte und Zugänge Sozialer (Alten-)Arbeit

Trotz der Vielfalt des Felds lassen sich markante Eckpunkte identifizieren, die die derzeitigen Entwicklungen offener Altenarbeit und darin enthaltener Bildungsperspektiven rahmen.

Ältere werden zu Gestalter*innen ihrer Lernräume

Im Rückblick auf die Entwicklung des Handlungsfelds wird deutlich, dass erste Ansätze der heute üblichen ressourcenorientierten und stark selbstbestimmten Bildungsangebote bereits in den 1970er Jahren zu finden sind. Die bis zu diesem Zeitpunkt stark vorherrschenden klassischen, frontal ausgerichteten Formate (wie z. B. Vorträge und Angebote zu vielfältigen Themen, insbesondere Reisen) wurden ergänzt durch die sog. »moderne Seniorenbildung« (Engel 2001, 58), die auf die Auseinandersetzung mit individuellen Situationen und deren Bewältigung ausgerichtet sind. Beispielhaft sind, seit den 1980er Jahren, Angebote zur Vorbereitung auf die nachberufliche Lebensphase. Seit dieser Zeit werden in vielfältigen Formaten *Treffpunkte* geschaffen, in denen Selbstreflexionen zur eigenen Lebenssituation ermöglicht und gefördert werden, sodass neue Handlungsperspektiven für diese Lebensphase entwickelt werden können. Eine weitere Entwicklung in dieser Zeit ist die Etablierung von *Wissensbörsen*, *Erzählcafés* oder *Geschichtswerkstätten* wie z. B. das Berliner Modell von 1982, in dem die Förderung von Aktivitäten und Kontakt sowohl intra- als auch intergenerationell u. a. oftmals durch Sozialarbeiter*innen angeregt wurde. Aus heutiger Perspektive liegt in dieser Zeit der Grundstein moderner Sozialer Arbeit mit älteren Menschen, da hier die Älteren erstmals als kompetente Expert*innen auftreten und der Sozialen Arbeit seither vornehmlich die Aufgabe zukommt, einen organisatorischen Rahmen zu bieten. Engel fast dies konsequent wie folgt zusammen: »Sozialarbeit erbringt damit Dienstleistungen für Ältere und ist verantwortlich für die Umsetzung der neuen Intention offener Altenarbeit sowie dafür, die gesellschaftlich sinnvolle Nutzung des Alters bzw. der Altersphase zu fordern und zu fördern« (Engel 2001, 60). Der Dienstleistungsgedanke dieser Zeit kann exemplarisch auch anhand des Konzepts der *Senior*innenbüros* aufgezeigt werden. Ziel des von der damaligen Bundesregierung initiierten Modellprogramms war die Bereitstellung eines organisatorischen Rahmens für vielfältige Angebote, ohne dabei spezifische Ziele zu verfolgen oder eigene inhaltliche Vorgaben zu machen und somit den älteren Menschen selbst den Raum zu bieten, etwas entwickeln zu können. Trotz aller Offenheit waren dennoch drei Gebiete benannt, in denen Senior*innenbüros tätig werden sollten: (1) nachberufliche Tätigkeitsfelder und ehrenamtliches, soziales Engagement; (2) Selbsthilfeaktivitäten und -gruppen; (3) Einbindung älterer Menschen in Nachbarschaften und Beziehungsnetzen (vgl. BMFSFJ 2014).

Typisch für die Angebote im Bereich der offenen Altenarbeit ist seither vornehmlich die Orientierung an den Ressourcen der sog. ›jungen‹ Alten (Drittes Alter, ▶ Kap. 1), auch wenn die Ziele »die Stärkung gesellschaftlicher Teilhabe, die Schaffung sozialer Kontakte und die Stärkung selbstbestimmten Handelns« (Pohlmann 2016, 15) nicht beim Eintritt von Pflegebedarf wegfallen. Zu kritisieren ist, dass in der Konsequenz Personen im Vierten und Fünften Alter viel weniger Aufmerksamkeit zukommt.

Noch immer ist es für das Feld der offenen Altenarbeit kennzeichnend, dass sich Angebotsanbieter*innen aufgrund des Fehlens rechtlich verbindlicher Rahmungen und der Orientierung oftmals auch an landes- und bundesweiten Förderschwerpunkten stützen. Dies führt zu einer Fülle von Angeboten im Bildungs-, Freizeit-, Kultur- und Sozialbereich. Bei genauerer Betrachtung wird deutlich, dass sie in engem Zusammenhang mit politischen Programmatiken stehen. Träger offener Altenarbeit sind seit Entstehung des Handlungsfelds in breitem Nebeneinander Kommunen und Kirchen, Wohlfahrtsverbände und Vereine, freie Gruppen und Initiativen jeder Art sowie in unterschiedlich formalisiertem Ausmaß die älteren Menschen selbst. Dabei wird die offene Altenarbeit grundsätzlich zunächst in § 71 SGB XII geregelt und fällt in den Bereich der kommunalen Daseinsvorsorge. Die Angebote finanzieren sich größtenteils durch einen Mix aus Mitteln der oben genannten Träger. Derzeit werden die folgenden Bereiche definiert.

Sechs Bereiche der offenen Altenarbeit nach § 71 Abs. 2 SGB XII

1. Leistungen zu einer Betätigung und zum gesellschaftlichen Engagement, wenn sie vom alten Menschen gewünscht wird;

2. Leistungen bei der Beschaffung und zur Erhaltung einer Wohnung, die den Bedürfnissen des alten Menschen entspricht;
3. Beratung und Unterstützung in allen Fragen der Aufnahme in eine Einrichtung, die der Betreuung alter Menschen dient, insbesondere bei der Beschaffung eines geeigneten Heimplatzes;
4. Beratung und Unterstützung in allen Fragen der Inanspruchnahme altersgerechter Dienste;
5. Leistungen zum Besuch von Veranstaltungen oder Einrichtungen, die der Geselligkeit, der Unterhaltung, der Bildung und den kulturellen Bedürfnissen alter Menschen dienen;
6. Leistungen, die alten Menschen die Verbindung mit nahestehenden Personen ermöglichen.

Was bedeutet diese, aktuell v. a. auf die ›jungen‹ Alten ausgerichtete Repräsentanz Sozialer Arbeit in der offenen Altenarbeit aus geragogischer Perspektive? Unter einer für das Arbeitsfeld typischen Ressourcenperspektive können die im ehemaligen Beruf oder im Alltag erworbenen Wissens- und Erfahrungsschätze Älterer durch Angebote offener Altenarbeit im Wohnumfeld für andere nutzbar gemacht werden. Gleichzeitig ist die offene Altershilfe gefordert, mehr Konzepte auch für hochbetagte, gesundheitlich eingeschränkte Menschen zu entwickeln und zu erproben (vgl. Kricheldorff & Klott 2017, 434). Aufgrund des Fehlens rechtlich verbindlicher Rahmungen und der Orientierung an landes- und bundesweiten Förderschwerpunkten ist die Repräsentanz von Lern- und Bildungsanliegen zur Gestaltung und Weiterentwicklung des kommunalen Umfelds aktuell noch stark durch die Anliegen und Perspektiven der jeweiligen Akteur*innen (dies können die Älteren selbst, aber auch Organisationen sein) geprägt. Hier sind gemeinsame Lernprozesse, auch für die Kommunen selbst, notwendig, um die Angebote angesichts der heterogenen Zielgruppen im Bereich der offenen Altenarbeit weiterzuentwickeln.

Diversität der Zielgruppen und schwierige Finanzierungen

Der oben beschriebene breite Gestaltungsspielraum in der kommunalen Altenhilfeplanung und die vielfältigen Bedarfe der heterogenen Gruppe der Älteren trifft auf schwierige Finanzierungen und permanente Notwenigkeit der Rechtfertigung der Angebote selbst, da das Angebotsspektrum durch die zunehmend enger werdenden finanziellen Möglichkeiten der Kommunen bzw. durch Förderprogramme von Bund und Ländern bestimmt wird. Auch wenn § 71 SGB XII durchaus individuelle Hilfemöglichkeiten z.B. zur Aufrechterhaltung sozialer Beziehungen vorsieht, so fördern Kommunen v.a. Maßnahmen, die in Einrichtungen und Projekten der offenen Altenarbeit angesiedelt sind. Was zunächst positiv klingt, bedeutet für die Umsetzung in der Praxis dennoch große Ungleichheiten in den kommunalen Investitionen und bzgl. möglicher Innovationen. Die Bundesarbeitsgemeinschaft der Senior*innenorganisationen (BAGSO) konnte anhand der von ihr in Auftrag gegebenen Disparitäten-Studie aufzeigen, dass den Kommunen, abhängig von ihren Demografie-Typen (entwickelt durch die Bertelsmann Stiftung), unterschiedlich viel Geld für offene Altenarbeit zur Verfügung gestellt wird, sodass z.B. großen bis mittelgroßen Städten weitaus mehr finanzielle Mittel zur Verfügung stehen als Kommunen, die von Schrumpfung, überdurchschnittlicher Alterung oder einer hohen ALG-II-Quote betroffen sind (vgl. Stratmann 2021, 5ff.). Die Finanzierung sowie die Gestaltung der Angebote der kommunalen Altenhilfe ist also gekennzeichnet durch eine hohe Ungleichmäßigkeit. Diese Ungleichverteilung spiegelt sich auch in den Pro-Kopf-Ausgaben wider (vgl. ebd., 19). Es liegt also seitens der Politik eine Benachteiligung bestimmter Gruppen bzgl. offener Altenarbeit vor, die es künftig aufzubrechen gilt. Denn: V.a. ältere Menschen, die nicht über ausreichend finanzielle, gesundheitliche oder kulturelle Mittel verfügen, um einen Lebensstil zu entfalten, der den sozialen Nahraum überschreitet, sind besonders auf ein verlässliches Umfeld angewiesen. Angesichts der steigenden Zahl älterer Menschen und der Vielfalt an Lebenskonzepten ist die Altenarbeit gefordert, bspw. verstärkt Migrant*innen sowie Menschen der LGTBQA*-Community als Klient*innen der Sozialen (Alten-)Arbeit zu identifizieren und dahingehend ihre Angebote weiterzuentwickeln. Eine Aufgabe Sozialer Arbeit ist es ebenfalls, für diejenigen älteren Menschen als sog. Türöffner zu fungieren, die bislang auch aufgrund eines niedrigeren Bildungsniveaus Hilfe bei der Inanspruchnahme der Angebote der offenen Altenhilfe benötigen. Dazu müssen Fachkräfte der offenen Altenarbeit die Kommunikation mit älteren Menschen und ihren Angehörigen immerfort zu dem Zweck verbessern, dass ältere Menschen über die bestehenden Versorgungs- und Teilhabeangebote in den Stadtbezirken informiert sind (vgl. Pohlmann 2016, 28).

3.3 Bildungsarbeit in der stationären Altenhilfe und Pflege

Die stationäre Altenhilfe ist dem Bereich Sozialer Arbeit im Kontext von Gesundheit und Pflege zuzuordnen. Anhand der von Werner Thole (2012) vorgeschlagenen Systematik kann sie als *lebensweltersetzendes* Format klassifiziert werden, da sie einen umfassenden Versorgungsauftrag für die komplexen Pflege- und Betreuungsbedarfe im Alter hat. Gleichzeitig bildet die stationäre Altenhilfe nur einen Teilbereich der Altenhilfe insgesamt; angrenzende (aber für die Soziale Arbeit derzeit weniger greifbare Felder, wie untenstehend weiter erläutert wird) sind die teilstationären und ambulanten Bereiche der Altenhilfe. Der medizinisch-pflegerische Fokus ist in diesen Arbeitsfeldern der Altenhilfe deutlich präsenter als in der offenen Altenarbeit (▶ Kap. 3.2). Die Soziale Arbeit hat hier die Funktion, im Zusammenwirken mit anderen Professionen, Situationen zu flankieren, in denen Menschen aufgrund von körperlichen, kognitiven oder psychischen Beeinträchtigungen und/oder gesundheitlich bedingten Belastungen und Anforderungen auf Fürsorge angewiesen sind.

> »Allgemeines und berufsgruppenübergreifendes Ziel von Interventionen in der Pflege ist es, Menschen dahingehend zu unterstützen, dass sie trotz ggf. bleibender Beeinträchtigungen ein möglichst selbstwirksames, ihren subjektiven Präferenzen entsprechendes Leben führen können. Voraussetzungen hierfür stellen Wohlbefinden und Teilhabe in den Bereichen dar, die einem Menschen wichtig sind« (Schmidt 2020, 208).

Da die Zahl der Pflegebedürftigen stetig ansteigt, eröffnen sich ein großes Aufgabenspektrum und wachsende Handlungsbedarfe. Welche Rolle der Sozialen Arbeit in der Gestaltung des demografischen Wandels innerhalb der ambulanten und stationären pflegerischen Versorgung zukommen wird, ist aktuell noch nicht abschließend geklärt. Dennoch lassen sich markante Eckpunkte identifizieren, die die derzeitigen Entwicklungen des Arbeitsfelds charakterisieren und auch hinsichtlich der geragogischen Perspektive auf Bildungsangebote in dem Handlungsfeld wichtige Ausgangspunkte bilden.

(Unter-)Repräsentanz Sozialer Arbeit im Kontext von Hilfe und Pflege

Wird danach gefragt, welche Rolle die Soziale Arbeit insgesamt im Kontext von Hilfe und Pflege einnimmt, so ist damit zunächst nach der generellen Repräsentanz in dem Handlungsfeld zu fragen. Dazu muss zwischen den häuslichen und stationären Settings unterschieden werden. Die Soziale Arbeit spielt in der häuslichen Versorgung (bislang) nur eine untergeordnete Rolle. Von den ca. 4,1 Millionen Pflegebedürftigen werden vier von fünf Pflegebedürftigen zu Hause versorgt, überwiegend alleine von pflegenden und sorgenden Angehörigen oder mit der Unterstützung ambulanter Pflege- oder Betreuungsdienste. Entsprechend leben nur ca. 20 % aller Pflegebedürftigen in vollstationären Einrichtungen (Statistisches Bundesamt 2020). Je mehr Pflege jemand benötigt, desto wahrscheinlicher ist es, dass die Pflege nicht ausschließlich durch Angehörige übernommen wird, sondern durch andere Dienste unterstützt wird. Die Soziale Arbeit ist im Bereich der ambulanten Dienste nur marginal präsent, da – im Unterschied zur Tages-, Kurzzeit- und vollstationären Pflege – Betreuungsbedarf nicht vollständig als Sachleistung zulasten der Pflegeversicherung abgerechnet werden kann (hier sind auch Unterschiede zwischen den Bundesländern zu beachten).

Die Repräsentanz der Sozialen Arbeit im stationären Kontext ist ebenfalls nicht klar geregelt, da die Anstellung von Absolvent*innen Sozialer Arbeit nur eine von mehreren Optionen zur personellen Aufstellung des Sozialen Diensts ist. Trotz der Weiterentwicklungen innerhalb des Gesundheits- und Pflegesektors bleibt die Aufgabe und der Auftrag der Sozialen Arbeit noch weitestgehend unklar und im Ermessen der Träger von Diensten und Einrichtungen (vgl. Schmidt 2020, 214). Hintergrund ist, dass die Soziale Pflegeversicherung und die Landesheimgesetze nicht vorgeben, welche professionellen Dienste in einer Einrichtung tätig sein müssen. Zudem hat sich seit der Einführung des SGB XI bundesweit kein übergreifendes Aufgabenprofil von Sozialer Arbeit im Bereich von Gesundheit und Pflege entwickelt (vgl. Aner 2020, 29 ff.), sodass sich die Einstellung von Fachkräften trägerspezifisch sowohl qualitativ als auch quantitativ unterscheidet. Typisch und kennzeichnend für das Aufgabenfeld ist eine daraus resultierende hohe Diversität der Fachkräfte hinsichtlich ihrer beruflichen Qualifikationen. Die gemeinsame Aufgabe der Fachkräfte – Pflegekräfte, zusätzliche Betreuungskräfte, Sozialarbeiter*innen und oftmals auch Ehrenamtliche – ist es, den Bewohner*innen einen Lebensraum zu gestalten, in denen sie die notwendige Pflege und Betreuung, aber auch Freiräume zur Selbstbestimmung erfahren. Angesichts eines stark reglementierten Tagesablaufs und unter Ressourcenknappheit muss hier innerhalb der multiprofessionellen Teams immer wieder ausbalanciert werden, wie die Lebensqualität der Bewohner*innen innerhalb des reglementierten institutionellen Rahmens erhalten und ermöglicht werden kann.

Fallbeispiel: Stationäre Altenhilfe

Sie arbeiten in einem gruppenübergreifenden Sozialen Dienst in einem Pflegeheim. Ihre Aufgaben sind die Zusammenarbeit mit Bewohner*innen und Angehörigen, mitarbeiterbezogene, vernetzende Tätigkeiten sowie Aufgaben in der Verwaltung und Öffentlichkeitsarbeit. Sie organisieren Angehörigenabende und koordinieren die Termine des Heimbeirats, außerdem initiieren Sie gemeinsame Projekte wie bspw. ein Sommerfest mit einer an das Grundstück des Pflegeheims angrenzenden Kindertagesstätte.

Im Hinblick auf die Relevanz von Lern- und Bildungsanlässen im Handlungsfeld bringt die sozialgeragogische Perspektive einen enormen Mehrwert, und zwar sowohl im häuslichen Umfeld von Sorge- und Pflegesystemen als auch in der Zusammenarbeit und in der Weiterentwicklung multiprofessioneller Teams in ambulanten, teilstationären und stationären Einrichtungen. Die i.d.R. für alle Beteiligten herausfordernden Situationen können somit als Lernanlässe identifiziert werden, in denen Entwicklung und Weiterentwicklung für alle Akteur*innen möglich wird.

Psychosoziale und organisatorische (Lern-)Aufgaben angesichts von Pflegebedarf

Dass die Rolle der Sozialen Arbeit mit Menschen im Fünften Alter noch stark ausbaufähig ist, wird v.a. dann deutlich, wenn auf die vielfältigen psychosozialen und organisatorischen Aufgaben in dem heterogenen Handlungsfeld geblickt wird. Pflegebedürftigkeit stellt eine »spezifische Lebenslage« (Pohlmann 2016, 25) mit charakteristischen Bedarfen dar. Pflegesituationen treten zumeist ungeplant und selten zum ›passenden Zeitpunkt‹ auf, und Betroffene und Angehörige sind mit einer Vielzahl von Anbietern von Altenpflegeeinrichtungen und Pflegediensten sowie mit einem undurchsichtigen Förderrecht der Pflegeversicherung konfrontiert. Im Falle einer drohenden oder bestehenden Pflegebedürftigkeit besteht der gesetzliche Anspruch auf freiwillige, individuelle Hilfestellung. Hier können Fachkräfte als sog. Case-Manager*innen (vgl. Schmidt 2020, 211) z.B. in der Erstellung und Koordination eines bedarfsgerechten, oftmals komplexen und sensiblen Pflegearrangements eine wichtige Aufgabe übernehmen, denn der Aufbau eines tragfähigen Netzes (bestehend aus professionellen Helfer*innen, ehrenamtlichen Begleiter*innen und Familienangehörigen) benötigt Begleitung. Im Rahmen der sog. Pflegeberatung (§ 7a SGB XI) haben alle Personen, die Leistungen nach dem SGB XI erhalten, Anspruch auf individuelle Beratung und Hilfestellung bei der Auswahl und Inanspruchnahme von Sozialleistungen und sonstigen Hilfsangeboten. Im Gesetzestext sind ausdrücklich auch Sozialarbeiter*innen mit einer erforderlichen Zusatzqualifikation zur Realisierung dieser Pflegeberatungen benannt (vgl. § 7a Abs. 3 Satz 2 SGB XI). Aufgabe der Sozialen Arbeit ist hierbei die Koordination der Sachleistungen und Einschätzung des Hilfebedarfs im Sinne des Schnittstellen- oder Case-Managements.

Auch dann, wenn pflegebedürftige Menschen sich entscheiden, in eine stationäre Einrichtung umzuziehen und dort i.d.R. bis zu ihrem Lebensende wohnen, eröffnen sich vielfältige Aufgaben für Sozialarbeiter*innen und Sozialpädagog*innen, die sich sowohl als personen- als auch als kontextbezogene Interventionen beschreiben lassen. Die Lebenssituationen und Lebenslagen der Bewohner*innen sind unterschiedlich. Komplex sind auch die damit verbundenen Aufgaben für die Fachkräfte in dem Handlungsfeld, wie Schmidt (2020, 213 f.) zusammenfasst:

> »(1) Menschen mit Demenz benötigen eine räumliche und soziale Umwelt, die so organisiert ist, dass erkrankte Bewohner*innen möglichst stressfrei ihre Krankheit leben können. Man versucht, durch ›demenzspezifische Normalität‹ und ›Stetigkeit‹ ein entsprechendes Setting herzustellen (kontextbezogene Intervention). (2) Bei Menschen mit krankheitswertiger depressiver Verstimmung ist deren Erkennen durch Fachkräfte zentral (bei Nutzung eingeführter Screening- und Assessment-Instrumente). Nur so kann der Verdacht mit behandelnden Ärzt*innen kommuniziert werden, um eine pharmakologische und soziale Intervention (inkl. Angehörigenedukation) einzuleiten (personenbezogene Intervention). (3) Für sterbende Menschen ist die Beobachtung, ob Schmerzen vorliegen, essenziell (bei Demenzkranken aber erschwert).«

Es besteht das Erfordernis, disziplinübergreifend (inkl. behandelnder Ärzt*innen oder auch ambulanter Palliativdienste) zu intervenieren. Auch das Thema der Sterbebegleitung ist Aufgabe des Fünften Alters. Benötigt wird dazu eine Abschiedskultur auf der Organisationsebene, sowohl personen- als auch kontextbezogen.

Angesichts dieser Vielzahl an Aufgaben und damit verbundener Lernaufgaben ist die Altenhilfe gut beraten, sowohl die häusliche Pflege (Bubolz-Lutz 2006) als auch Altenpflegeheime (Wittkämper 2012; Deppe 2018) als Bildungsorte zu begreifen. Aufgaben für eine vielseitig anregende und respektvolle Bildungsarbeit stellen sich in beiden Feldern: sowohl personen- als auch kontextbezogen. So lassen sich durch die Kompetenzen von Geragog*innen Lern- und Bildungsanlässe bspw. auch im Kontext des Case-Managements identifizieren, sodass psychosoziale Themen erfasst und begleitet werden können. Die geragogische Perspektive erweitert also den Blick und die Aufgabenfelder, etwa im Sinne der bereits benannten Angehörigenedukation. Sie bietet aber nicht nur den dort lebenden älteren Menschen Lern- und Bildungsmöglichkeiten, sondern auch den verschiedenen Akteur*innen, die z. B. in den stationären Einrichtungen tätig sind, sowie Angehörigen oder Menschen aus der Gemeinde, die zu Besuch kommen. Durch die geragogische Perspektive können sich demnach eine Vielzahl an bereichernden Begegnungen im gegenseitigen Austausch von Erfahrungen im Voneinander-, Übereinander- und Miteinander-Lernen ergeben – und dies erfolgt in verschiedensten Dynamiken und Zusammensetzungen: in der Sozialen Einzel-(Fall-)Hilfe, der Sozialen Gruppenarbeit oder der Gemeinwesenarbeit (▶ Kap. 4).

Neufassung des Pflegebegriffs und damit verbundene Chancen für Bildung im Kontext von Pflege

Seit der Neufassung des Pflegebedürftigkeitsbegriffs im Jahr 2017 wird v. a. der Grad der Selbstständigkeit der Menschen in den Blick genommen. Dies bedeutet, dass Mobilität, kognitive und kommunikative Fähigkeiten, Verhaltensweisen und psychische Problemlagen, Selbstversorgung, Bewältigung von und selbstständiger Umgang mit krankheits- oder therapiebedingten Anforderungen und Belastungen sowie Gestaltung des Alltagslebens und sozialer Kontakte anhand einer gewichteten Gesamtbetrachtung im Rahmen von Graden (es heißt nicht mehr Pflegestufen) der Pflegebedürftigkeit ermittelt werden. In der Begutachtung, die durch den Medizinischen Dienst erfolgt, wird ermittelt, ob dem älteren Menschen ein Pflegegrad zugesprochen werden kann. Insgesamt gibt es fünf Pflegegrade; Pflegegrad 1 steht für eine geringe, wohingegen Pflegegrad 5 für eine sehr hohe Pflegebedürftigkeit steht. Stephan Rixen (2020, 320) benennt die Neufassung des Pflegebedürftigkeitsbegriffs als »bereichsspezifisch differenzierendes Konzept der Vulnerabilität«, da in den benannten Merkmalen nicht »handfeste Verrichtungen« fokussiert werden, »sondern auch die Person als kommunikatives, in und von Beziehung lebendes Wesen« (ebd.) in den Mittelpunkt rückt.

Durch diese ganzheitliche Betrachtung des pflegebedürftigen Menschen werden Konzepte und Praxisangebote der Sozialen Arbeit anschlussfähig und tradierte Formate und Settings überarbeitungswürdig. So kann bspw. durch den Ansatz des Empowerments die Selbstwirksamkeit auch bei einem hohen Pflegegrad bis zum Lebensende als Ziel fokussiert werden. Dies betonen auch Cornelia Kricheldorff und Stefanie Klott (2017, 435): »In der Sozialen Arbeit entwickelt sich parallel die Orientierung an ressourcenorientierten Ansätzen und am Empowerment, verbunden mit einem Wandel in professionellem Habitus und Haltung.« Benötigt und an vielen Stellen aktuell im Rahmen von Projekten erprobt werden dazu neue Konzepte in der Altenhilfe, die aktuelle Erkenntnisse aus der Gerontologie und Pflegewissenschaft bspw. hinsichtlich der lebenslänglichen Lern- und Entwicklungsfähigkeit älterer Menschen integrieren. In den letzten Jahren zeigt sich ein wachsendes Interesse und ein Innovationsbedarf im Rahmen der Rollenklärung von Sozialer Altenarbeit im Bereich Gesundheit und Pflege. Das hier vorliegende Werk reiht sich damit in die Auseinandersetzung mit entsprechenden Fragestellungen in Forschung und Praxis ein. Die Neufassung des Pflegebegriffs birgt demnach eine große Chance, da individuelle Alternsprozesse nun als ganzheitliche und von Diversität geprägte Prozesse auch im Hinblick auf Bildungsanlässe greifbar werden. Pflegebedürftige ältere Menschen (auch mit Demenz) zeichnen sich eben nicht nur durch Kompetenzeinbußen aus. Sie besitzen ebenso vielfältige Entwicklungspotenziale, sind individuell gebildete Persönlichkeiten und haben ein Recht auf Bildung und auf soziale und kulturelle Teilhabe (vgl. BMFSFJ/BMG 2010, 18). Durch eine Haltung des Empowerments können bis zum Lebensende niedrigschwellige biografische, ressourcenorientierte, die Persönlichkeit stärkende und kreative Angebote gemacht werden, in den intra- sowie interindividuelle und institutionelle Bildungsprozesse möglich werden. Auch wenn die individuellen Erfahrungen und Lebenswege der Bewohner*innen in stationären Altenhilfeeinrichtungen vielschichtig und heterogen sind, so ist dennoch abschließend anzumerken: Menschen, die aktuell in stationären Langzeitpflegeeinrichtungen leben, haben (fast alle) gemeinsam, dass ihre Kindheit und Jugend vom Zweiten Weltkrieg und dessen Auswirkungen geprägt und vielfach belastet war. Sie stellen damit eine spezifische Kohorte dar, die auch im Hinblick auf Lern- und Bildungserfahrungen in dieser Zeit besonders in den Blick genommen werden muss.

Auf den Punkt gebracht

Auch ältere Menschen, die hilfe- und pflegebedürftig sind, sind Adressat*innen von Bildungsangeboten. Interventionen in dem Handlungsfeld werden dann wirksam, wenn sowohl im häuslichen Pflegekontext als auch in lebensweltersetzenden Settings in Alten- und Pflegeheimen bzw. in Wohnstiften und Senior*innenresidenzen die älteren Menschen als lebenslang lernende Subjekte wahrgenommen werden. Die Soziale Arbeit hat hier angesichts der Vielfalt an Lernanlässen (▶ Kap. 2.4) eine zunehmende Relevanz und Kompetenz. Auch die offene Altenarbeit steht vor neuen Entwicklungen: Neben klassischen, bewährten Formaten entwickeln sich neue Zugänge. Was Inhalte der Sozialen Arbeit sind und wie diese angegangen werden ist mit den Adressat*innen in einem gemeinsamen Prozess und angesichts der gegebenen Ressourcen in gemeinsamen Lernprozessen zu entwickeln.

Reflexionsfragen

- Welche Lernanlässe stellt der demografische Wandel an Einzelpersonen, sorgende Angehörige, Ehrenamtliche, Institutionen und deren Fachkräfte sowie an die Gesellschaft und welche Aufgabe(n) kann die Soziale Arbeit professionell begleiten?
- Inwiefern unterscheidet sich die stationäre Altenhilfe von der offenen Altenarbeit und welche Rolle spielen jeweils Lern- und Bildungsprozesse in diesen Handlungsfeldern?
- Vor welchen strukturellen Herausforderungen steht die offenen Altenarbeit und warum sind die Mittel hierfür ungleich verteilt?

Weiterführende Literatur

Deppe, Britta, Jahn, Susanne, Kunz, Hella & Wittkämper, Walter (2018): Die stationäre Altenhilfe als Bildungsort. Methodische Zugänge und Perspektiven am Beispiel des geragogischen Begleitungsansatzes. In: Schramek, Renate, Kricheldorf, Cornelia, Schmidt-Hertha, Bernhard & Steinfort-Diedenhofen, Julia

(Hrsg.): Alter(n) – Lernen – Bildung. Ein Handbuch. Stuttgart: Kohlhammer, 187–196.

Löffler, Eva Maria & Reuther, Sabrina (2021): Soziale (Alten-)Arbeit im Pflegeheim. Alte und neue Herausforderungen im Zuge des »Lockdowns«. In: Kniffki, Johannes, Lutz, Ronald & Steinhaußen, Jan (Hrsg.): Covid-19 – Zumutungen an die Soziale Arbeit. Weinheim und Basel: Beltz Juventa, 278–291.

Rüßler, Harald & Heite, Elisabeth (2017): Kommunen als Orte Sozialer Altenarbeit. In: Zeitschrift für Gerontologie und Geriatrie 50 (5), 446–450.

4 Bildungsprozesse mit Älteren in Bezug auf Methoden Sozialer Arbeit

> **Überblick**
>
> Das planmäßige Vorgehen und die Arbeitsweisen in einem Bildungsprozess sind mit den Methoden Sozialer Arbeit gut verknüpfbar. Diese sind vielfältig und unterscheiden sich hinsichtlich der Ziele, der Einbindung der Lernenden, der Gruppengröße oder der intendierten Wirkungen. In diesem Kapitel werden Bildungsaspekte in den Methoden Sozialer Arbeit mit älteren Menschen herausgestellt und analysiert. Begonnen wird mit der Einführung in den Terminus Methode. Daran schließt die Vorstellung der drei klassischen *Methoden* an: *Soziale Einzel-(Fall-)Hilfe*, *Soziale Gruppenarbeit* und *Gemeinwesenarbeit*. Diese werden konturiert, auf den Kern dieser Publikation – Bildungsprozesse mit Älteren – bezogen und mit Fallbeispielen illustriert.

4.1 Ziele und Methoden im Kontext von Bildungsarbeit

»Methodisches Handeln ist – definitionsgemäß – zielgerichtetes Handeln« (Galuske 2013, 39). Doch wie lässt sich ein Ziel konkretisieren? Ziele können als Voraussetzung für methodisch geplantes Agieren angesehen werden. Sie können diffus (z. B. Steigerung von Lebensqualität) oder konkret beschrieben werden (Bedarf eines schützenden Rahmens einer stationären Einrichtung 24/7). Zielbeschreibungen sollten dabei – soweit möglich – von den Älteren (mit) bestimmt werden. Zur Zielformulierung von Bildungsanliegen mit älteren Menschen erscheint es weiterführend, sich an folgenden Kriterien zu orientieren: (1) zeitliche Differenzierung (kurzfristig, mittelfristig, längerfristig); (2) Trennung von Zielen und Handlungsschritten; (3) Erreichbarkeit der Teil- und Handlungsziele; (4) Zuständigkeit für die Ziele; (5) Verständlichkeit, moralische und fachliche Vertretbarkeit (vgl. von Spiegel 2018, 121 f.).

Durch methodisches Handeln werden i.d.R. die Schritte bis hin zur Zielerreichung nachvollziehbar: Methodisch zu arbeiten heißt, strategisch einen Weg zu beschreiben, der angemessen erscheint, sodass das Handeln professionell und nicht willkürlich vollzogen wird. Kennzeichnend für eine Methode ist somit das »zielgerichtet[e], prozessorientiert[e] und systematisch[e]« (Krauß 1996, 396) Handeln. Methodisches Vorgehen unterscheidet sich durch die Orientierung an den genannten Kriterien von normalen ›Hilfeprozessen‹ im Alltag. Methodisches Handeln hebt sich damit ab vom alltäglichen Handeln:

»Betrachtet man Methoden Sozialer Arbeit, so ist damit seit jeher das plan- und absichtsvolle Handeln in der Praxis gemeint, also das konkrete ›Vorgehen‹, um eine bestimmte Zielstellung, eine spezifisch angestrebte Situation zu erreichen oder eine Herausforderung zu bewältigen. Methoden Sozialer Arbeit lassen sich demnach in ihrer konkreten praktischen Umsetzung als ›How to Do Social Work‹ beschreiben« (van Rießen & Fehlau 2022, 177).

Die Frage nach dem ›Wie‹ einer Leistung, sodass diese als nachhaltig angesehen werden kann, steht demnach im Mittelpunkt (vgl. Galuske 2013, 28). Karlheinz Geißler und Marianne Hege (2001, 24) betonen weiter, dass Methoden »Teilaspekte von Konzepten« seien. Diese seien Handlungsmodelle, die einen sinnhaften Zusammenhang von Zielen, Inhalten, Methoden und Verfahren herstellen (vgl. ebd., 23). »Wenn von Methode die Rede ist, so geht es demnach um die im Kontext eines Konzepts begründete Planung des Vorgehens […]. [Dieses] modifiziert sozialpädagogisches Handeln von einem primär intuitiven Handeln hin zu einem kalkulierbaren Konzept der Hilfe« (Galuske 2013, 31). Der Hilfeprozess wird somit nachvollziehbar und hinsichtlich der Ziele überprüfbar.

4.1 Ziele und Methoden im Kontext von Bildungsarbeit

In der Profession Sozialer Arbeit gilt es, stets die Einzigartigkeit der jeweiligen Adressat*innen zu bedenken: Methoden in der Sozialen Arbeit müssen dabei den Konflikt zwischen Standard und Individualität überbrücken, in dem sie zwischen der individuellen Einzigartigkeit und der Wiederholbarkeit wissenschaftlich fundierter Prinzipien vermitteln.»Aus der Fokussierung des Typischen folgen Standardisierungen und die Bildung von Kategorien als sogenannte gemeinsame Merkmale« (Michel-Schwartze 2009, 12). Zudem ist zu betonen, dass auch die Reflexion des sozialarbeiterischen/sozialpädagogischen Handelns im Mittelpunkt steht und nicht in Vergessenheit geraten darf. Demnach haben Methoden nicht nur die Funktion,»die Praxis zu systematisieren, sondern Praxishandeln auch zu reflektieren« (ebd., 19; ▶ Kap. 4.5).

Methoden können vereinfacht als Werkzeug von Fachkräften angesehen werden, sodass das Handeln nicht willkürlich, sondern professionell geplant erfolgt. In diesem Zusammenhang kann darauf hingewiesen werden, dass es sehr wohl einen Unterschied macht, ob von ›Methoden der Sozialen Arbeit‹ oder von ›Methoden in der Sozialen Arbeit‹ die Rede ist. Methoden der Sozialen Arbeit sind dadurch gekennzeichnet, dass diese speziell für die Profession von Bedeutung sind, es sind also Methoden *für* die Soziale Arbeit. Der Argumentation von Michael Galuske folgend, sind die drei hier untenstehend aufgeführten Methoden den Methoden der Sozialen Arbeit zuzuschreiben. Demgegenüber stehen Methoden, die *in* der Sozialen Arbeit verwendet werden. Dies meint die Nutzung von bereits bestehenden, professions- und/oder disziplinübergreifenden Methoden wie bspw. die klientenzentrierte Gesprächsführung, die Erlebnispädagogik oder die Supervision (vgl. Galuske 2013, 164 ff.).

Auch wenn Methoden in den meisten Fällen arbeitsfeldübergreifend eingesetzt werden können, werden im Folgenden dennoch die drei klassischen Methoden der Sozialen Arbeit hinsichtlich ihrer Nutzbarkeit im Kontext von Bildungsprozessen mit älteren Menschen ausgeführt. Zur Strukturierung wird dabei die Unterscheidung in drei Sozialformen, wie sie Galuske im Rückgriff auf Geisler und Hege vorschlägt, vorgenommen. Diese sind: *Soziale Einzel-(Fall-)Hilfe, Soziale Gruppenarbeit* und *Gemeinwesenarbeit*. Die vorgeschlagene Dreiteilung existiert in Deutschland seit der Nachkriegszeit (um die 1950er Jahre). Die Wurzeln liegen zu großen Anteilen in den USA: Als Begründerin der Sozialen Einzelhilfe (Social

Casework) wird Mary Richmond bezeichnet; bekannt wurde die Methode in Deutschland v. a. durch Alice Salomon (vgl. Galuske 2013, 78). Die Soziale Gruppenarbeit (Social Groupwork) lässt sich auf vier Traditionslinien zurückführen: die Jugendbewegung der 1920er Jahre, die Reformpädagogik, die Gruppendynamik und die Settlement-Bewegung. Die Gemeinwesenarbeit weist ebenfalls Verbindungen zu diesen Bewegungen sowie zusätzlich zur Arbeiter- und Frauenbewegung auf (vgl. Schilling & Klus 2018, 178).

Die Dreiteilung wird seit den 1968er Jahren immer wieder kritisiert. Angeregt wird die Verwendung anderer Bezeichnungen wie z. B. Arbeitsformen, Arbeitsweisen, Arbeitskonzepte, Arbeitsprinzipien, Strategien, Interventionen und Verfahrenstechniken (vgl. ebd., 182). Da es, wie bereits zu Beginn des Kapitels kurz erläutert, in der Arbeit mit Adressat*innen in den verschiedenen Kontexten sozialarbeiterischer Handlungsfelder mit älteren Menschen aber sehr wohl einen Unterschied macht, ob sich auf einzelne Adressat*innen, auf Gruppen oder auf soziale Netzwerke bezogen wird, erscheint diese Differenzbildung anhand der Sozialformen weiterführend.

Methoden in der Bildungsarbeit mit älteren und alten Menschen

Bei der Verwendung des Begriffes Methode wird direkt bzw. indirekt Bezug genommen auf die jeweiligen Personen und Zielgruppen sowie auf den konzeptionellen Rahmen, in dem die Methode angewandt wird.

Bevor auf die einzelnen methodischen Zugänge eingegangen wird, wird die von Galuske vorgeschlagene Trias hinsichtlich der Bildungsanliegen und der damit intendierten Wirkrichtungen weiterentwickelt (▶ Abb. 3).

Die aufgeführte Abbildung stellt die Verbindungen der drei Methoden und ihrer enthaltenen Bildungsanliegen und Wirkrichtungen dar. Diese werden folgend weiter ausgeführt.

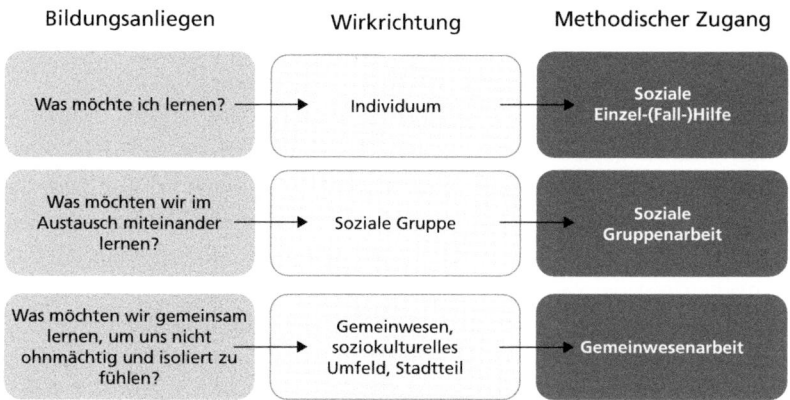

Abb. 3: Bildungsanliegen, Wirkrichtungen und Methoden Sozialer Arbeit (eigene Darstellung)

4.2 Bildung in Kontexten Sozialer Einzel-(Fall-)Hilfe

Die Soziale Einzel-(Fall-)Hilfe ist die »erste und wohl verbreitetste der klassischen Methoden« (Galuske 2013, 90). Zu Beginn ist festzustellen: Nicht jedes Mal, wenn mit einzelnen älteren Menschen gearbeitet wird, handelt es sich um Soziale Einzel-(Fall-)Hilfe. »Von Einzelfallhilfe als Methode kann hingegen dann die Rede sein, wenn es sich um einen Ansatz handelt, der der konkreten Planung (im Sinne von Handlungsanleitung) eines Hilfeprozesses dient« (Galuske 2013, 38). Um in den Begriff einzuführen, wird sich der Definition von Peter-Ulrich Wendt (2017) bedient: Einzelfallhilfe »bezeichnet unspezifisch den Handlungsbereich der direkten Sozialen Arbeit mit einzelnen Menschen. Die Betonung liegt hier auf der dienstlichen ›Hilfe im Einzelfall‹. Als spezifischer Begriff bezeichnet Einzelfallhilfe die professionelle Arbeitsform (Methode im Sinne einer planmäßigen Vorgehensweise) in personenbezogenen Sozialdiensten«. Wendt selbst betont weiter: »In einem engeren Sinne umfassen Soziale

Einzelfallhilfen Handlungsformen, mit denen ein individuumsbezogener Unterstützungsprozess methodisch strukturiert wird, um ein Anliegen oder eine Notlage von Adressat*innen in ihren jeweiligen subjektiven Relevanzkontexten und strukturellen Rahmenbedingungen zu verstehen und mithilfe geplanter Vorgehensweisen zielgerichtet zu verbessern« (Wendt 2017, 247). Genauer gesagt bedeutet dies, dass im Rahmen der Einzelfallhilfe stets das einzelne Individuum mit seinen individuellen Problemen im Fokus steht und Hilfe zur Selbsthilfe, also das selbständige Umgehen mit dem sozialen Problem und das Finden einer Lösung, gewünscht ist (vgl. Stimmer 2020, 279). Dabei ist die helfende Beziehung zwischen Sozialarbeiter*in und Adressat*in von zentraler Bedeutung. Die in der Sozialen Arbeit Tätigen orientieren sich i. d. R. an einem der folgenden Konzepte: (1) dem psychoanalytischen Ansatz (z. B. nach Florence Hollis), (2) dem funktionalen Ansatz (z. B. nach Ruth E. Smalley) oder (3) dem problemlösenden Ansatz (z. B. nach Helen H. Perlman). Aufgrund des Umfangs der drei genannten Ansätze können diese im Rahmen des vorliegenden Buchs nicht genauer ausdifferenziert werden (weiterführend z. B. Galuske 2013, 84 ff.).

Die Methode der Sozialen Einzel-(Fall-)Hilfe im Kontext von Bildungsprozessen älterer Menschen basiert auf der Auseinandersetzung (auf den Ebenen *Erleben, Reflexion & Handeln*; ▶ Kap. 2) mit typischen Lernthemen, die i. d. R. von den älteren Menschen selbst ausgehen. Das geragogische Prinzip der »Förderung der Selbst- und Mitbestimmung« (Wittkämper et al. 2022, 232) steht hierbei im Fokus. Entscheidend ist, dass im Rahmen der Sozialen Einzel-(Fall-)Hilfe die Grundbedürfnisse des Individuums zentral sind und dass »zur selbstständigen Lösung der Probleme angeregt wird« (Schilling & Klus 2018, 177).

Innerhalb der Sozialen Einzel-(Fall-)Hilfe machen dabei *Beratungen* einen großen Anteil möglicher Bildungssettings aus, insbesondere dann, wenn es darin um die Vermittlung neuen Wissens und/oder die Wiederbelebung alten Wissens bzw. die Förderung neuer Handlungskompetenzen und/oder die Wiederbelebung alter Handlungskompetenzen geht (vgl. Stimmer 2020, 131). Beratung in Kontexten Sozialer Arbeit ist in den Konzeptionen von Altersbildung ein bisher kaum benanntes, in der Praxis jedoch in verschiedensten Formen und Strukturen verbreitetes Basiskonzept. Sie kann sich sowohl beziehen auf (1) Informationen und Wissensvermittlung (Sozial-, Rechts-, Gesundheits-, Freizeitberatung) sowie (2) auf die Anregung und Förderung psychosozialer Kompetenzen (Selbst-, Lebens- und soziale Kompetenz). Zum Verständnis von Bildungssituationen im Kontext von Beratung erscheint es zudem weiterführend, auch äußere Strukturelemente in den Blick zu nehmen. Diese sind sowohl die Adressat*innen selbst, die Personen, die als Berater*innen fungieren, die Orte bzw. das Setting, die Themen und Aspekte wie z. B. Freiwilligkeit, Leidens- bzw. Handlungsdruck und die zur Verfügung stehende Zeit (vgl. Stimmer 2020, 134).

Strukturell lassen sich Beratungen danach unterscheiden, wer in welcher Form zur Aufnahme des Beratungskontakts aufgerufen ist. Davon kann es abhängen, ob Personen mit Beratungsbedarf tatsächlich von sozialen Dienstleistungsangeboten erreicht werden oder nicht.

Komm- und Bring-Struktur

- Die *Komm-Struktur* ist die meistgenutzte Form der Beratung. Gemeint ist: Kundige Fachkräfte beraten – i. d. R. in ausgewiesenen Beratungsstellen – in Bezug auf die im Alter auftretenden typischen Problemlagen und stehen als Expert*innen zur Verfügung.
- In der *Bring-Struktur* suchen Berater*innen die Ältere zu Hause auf. Gesucht wird ein niederschwelliger Zugang, sodass v. a. schwer erreichbare Personen partizipieren können.

Im Rahmen von zwei Forschungsprojekten konnten Franz Kolland, Vera Gallistl und Anna Wanka nachweisen, dass Beratung in ganz unterschiedlichen Handlungsfeldern ihren Platz hat. Sie identifizieren folgende fünf Felder: (1) Bildungsberatung und Beratung zu ehrenamtlichem Engagement, (2) Beratung zur Lebensphase Alter, (3) Übergangsberatung vom Beruf in die nachberufliche Phase, (4) Psychosoziale Beratung und Psychotherapie sowie (5) Beratung zu Gesundheit und Pflege (vgl. Kolland et al. 2018, 43). Reflektiert werden muss an dieser Stelle, dass bei vielen dieser Beratungsthemen in der Argumentation ein defizitorientiertes Bild des älteren Menschen durchscheint. Dies manifestiert sich v. a. dann, wenn ältere Menschen aufgrund bestimmter altersspezifischer Problemlagen (wie gesundheitlichen Beeinträchtigungen oder finanziellen Einschränkungen) Beratung in Anspruch nehmen. Dabei sollten Bildungsanliegen identifiziert werden, die auf die (noch) vorhandenen Fähig- und Fertigkeiten gerichtet sind. Aufgrund der zunehmenden Lebenserwartung und des vermehrten Auftretens von chronisch-degenerativen Erkrankungen (z. B. Demenz) gibt es alterstypische Ausgangspunkte für Beratungsanliegen. Diese als Ausgangspunkte und Anknüpfungspunkte für individuelle und intergenerationelle Bildungsprozesse zu verstehen, ist Anliegen dieses Buches. Um einen Einblick in die Vielfalt möglicher Beratungsthemen zu geben, wird im Folgenden ein Fokus auf vier spezielle Beratungsanlässe gerichtet, und zwar auf die Themen *Umgang mit Pflegebedarf*, *Wohnberatung*, *Umgang mit Demenz* und *Technikberatung*.

Der *Umgang mit Pflegebedürftigkeit* stellt sowohl die betroffenen Personen als auch ihre sorgenden und pflegenden Angehörigen vor viele Aufgaben. Innerhalb dieser »spezifische[n] Lebenslage« (Pohlmann 2016, 25) stellen sich charakteristische Beratungsbedarfe, für die auch gesetzliche Ansprüche auf freiwillige und individuelle Hilfestellungen existieren (vgl. § 7a SGB XI). Für diese Bedarfe zuständig sind laut Gesetzestext u. a. ausdrücklich Sozialarbeiter*innen mit einer erforderlichen Zusatzqualifikation zur Realisierung dieser Pflegeberatungen. Ihnen wird die Aufgabe zugeschrieben, Sachleistungen zu koordinieren sowie Hilfebedarfe einzuschätzen und ggf. als Schnittstellen- oder Case-Manager*innen zu fungieren (§ 7a Abs. 3 Satz 2 SGB XI). Die Leistung der Beratung kann in unterschiedlicher Komplexität erbracht werden. Psychosoziale Begleitung und Krisenintervention können dabei Bestandteile sein, die insbesondere eine psychosoziale Beratung notwendig machen, »um die Bewältigungs- und Handlungskompetenz zu verbessern« (Kamps 2015, 119). Im Rahmen der Pflegeberatung tauchen somit unterschiedliche Themen auf: allgemeine Fragen zur Pflegeversicherung, Fragen zu den Leistungen der Pflegeversicherung, der Umgang mit zunehmender Pflegebedürftigkeit oder aber auch die Aufstellung eines geeigneten Unterstützungs-/Hilfenetzwerks. Für all diese Themen können Ältere sowie deren Angehörige das Angebot einer Pflegeberatung, die dann z. B. Ausgangspunkt weiterer Lernprozesse ist, in Anspruch nehmen.

Ein weiteres Thema, das einen Anlass für die Inanspruchnahme einer Beratung und darin stattfindender Lernprozesse bilden kann, ist die

Wohnberatung. Wohnberatung hat eine zweifache Bedeutung: Auf der einen Seite wird geschaut, welche Möglichkeiten bestehen, um möglichst lange in der eigenen Häuslichkeit wohnen und v. a. sicher leben zu können. Hier spielen insbesondere der Einsatz von Hilfsmitteln, die zur Erleichterung des Alltags beitragen, sowie diverse bauliche Umbaumaßnahmen und deren Finanzierung eine tragende Rolle. Andererseits können Möglichkeiten verschiedener Wohnformen wie bspw. die des Service-Wohnens oder die des Wohnens in einer Senior*innenresidenz besprochen werden (ebd., 120).

Des Weiteren spielt das Thema einer *Demenzerkrankung* gerade aufgrund des demografischen Wandels eine zunehmende Rolle. Hier lassen sich Beratungsangebote für die Betroffenen, aber auch für deren Angehörige festmachen. Besprochen wird v. a., wie der Umgang mit den durch die Erkrankung einhergehenden Einschränkungen gestaltet werden und vorhandene Ressourcen genutzt werden können. Angehörige werden v. a. für das Thema Selbstfürsorge sensibilisiert.

Als besonderes Thema und Zukunftstrend zeichnet sich die Bedeutung von *Technikberatung* ab. Evaluationen von Pilotprojekten im Rahmen des Programms »Kommunale Beratungsstellen – besser Leben im Alter durch Technik« zeigen auf, dass die Argumente für eine kommunal verantwortete Senior*innen-Technikberatung vielfältig sind (vgl. Apfelbaum et al. 2016, 12 ff.). So kann Senior*innen-Technikberatung z. B. Pflegekosten senken, wenn sich Kommunen mit »innovativen, technikunterstützten Pflegesettings auseinandersetzen und Bürger*innen dazu Beratungsangebote unterbreiten« (ebd.,14). Eine solche Beratung kann auch dabei helfen, digitale Gräben zu überwinden sowie Teilhabe- und Informationsgerechtigkeit älterer Menschen zu ermöglichen. Das Bildungsanliegen von Senior*innen-Technikberatungen ist es, ältere Bürger*innen »zu qualifizierten Entscheidungen für oder gegen die Anschaffung von Technik zu befähigen« (ebd., 17). Eine besondere Rolle spielt hier auch die Stärkung des Ehrenamts, da gerade die Beratung und Begleitung von Altersgenoss*innen als ›Role-Models‹ besonders überzeugend wirkt, wenn sie z. B. zeigen, wie Technik sinnvoll im Alltag eingesetzt werden kann. Technikberatung kann also beispielhaft als zivilgesellschaftliches Engagement-Feld identifiziert werden und bisherige Formate der Senior*innen- und Nachbarschaftsarbeit sinnvoll ergänzen.

Ältere nehmen – wie andere Menschen auch – vornehmlich erst dann professionelle Beratung in Anspruch, wenn das eigene Erfahrungswissen oder auch die Lösungsvorschläge von Freund*innen und Verwandten nicht ausreichen. Daher entstehen oftmals auch sog. *selbstorganisierte Projekte*. Beratung in selbstorganisierten Projekten bedeutet, dass ältere Menschen sich gegenseitig beraten und keine externen Berater*innen eingeschaltet sind. Ein Synonym ist der Begriff einer Selbsthilfegruppe. Die Älteren können sich hierbei eigenständig über ein sie beschäftigendes Thema austauschen und sich untereinander beraten.

Innerhalb der Sozialen Einzel-(Fall-)Hilfe wird nicht nur Beratungen ein hoher Stellenwert zugeschrieben. Der Vollständigkeit halber werden zwei weitere typische Formen kurz aufgeführt: Die *Soziale Diagnostik* und das *Case Management*. Bei der Sozialen Diagnostik geht es primär darum, den genauen Auftrag der Hilfestellungen herauszufinden. Dies ist nicht immer unproblematisch, was auch Anne van Rießen und Michael Fehlau (2022, 183) feststellen: »Fachkräfte Sozialer Arbeit [stehen] vor große[n] Herausforderungen, denn das, was in einem Hilfeprozess bearbeitet werden soll, wird als soziostrukturell (mit-)bedingt verstanden und stellt sich zumeist komplex, diffus und unübersichtlich dar«. Für die Arbeitsweise des Case-Managements ist bspw. das Aufstellen einer adäquaten Versorgungssituation im Anschluss an einen Krankenhausaufenthalt typisch. Letztlich gilt für alle Beratungsangebote im Kontext der Einzel-(Fall-)Hilfe, dass diese an verschiedenen Orten stattfinden können: Beratungsstellen (öffentliche und freie Trägerschaften), Senior*inneneinrichtungen oder die eigene Häuslichkeit. Bildung im Kontext Sozialer Einzel-(Fall-)Hilfe findet, wie exemplarisch gezeigt werden konnte, in verschiedenen Formaten statt. Bei allen Formaten stehen die Individualität sowie die Orientierung an den vorhandenen Kompetenzen der älteren Menschen im Fokus. Folgende Strukturen lassen sich dabei unterscheiden: die Komm-Struktur. die Bring-Struktur und sog. selbstorganisierte Formate. Abschließend wird anhand eines Fallbeispiels aufgezeigt, wie sich Bildungsprozesse im Kontext der Sozialen Einzel-(Fall-)Hilfe vollziehen.

Fallbeispiel: Smartphone-Sprechstunde

Frau D., 71 Jahre alt, hat immer wieder Probleme mit ihrem Handy und dem Festnetztelefon. Sie möchte selbst eine Lösung finden und macht sich auf den Weg in die Smartphone-Sprechstunde. Diese wird als aufsuchendes Beratungsangebot von einer Begegnungsstätte alle zwei Wochen, immer am Mittwochvormittag, angeboten. Sie wird dort von einer Sozialarbeiterin (Frau M.) empfangen, die sich ihr Anliegen anhört. Die Sozialarbeiterin sagt ihr, dass sie mit dem Problem keinesfalls allein ist und dass es ein Angebot von ehrenamtlichen Technikbegleiter*innen gibt, die auch zu den Menschen nach Hause kommen und nach Bedarf beraten.

Insgesamt kommt es zu drei Treffen, bei denen eine kompetente Ehrenamtlerin (Frau Z.) zu Frau D. nach Hause kommt. Die Entscheidung über die Länge und den Inhalt der Treffen obliegt Frau D. Bisher diente das Smartphone hauptsächlich als Kommunikationsmittel. Neu ist nun auch die Nutzung von App-Diensten wie z. B. WhatsApp wobei es Frau D. bislang an Anleitung fehlte. Da die Mobilität von Frau D. bald durch eine OP für längere Zeit eingeschränkt sein wird, bieten ihr die Apps die Möglichkeit, weiter am sozialen Leben teilzuhaben und in Kontakt zu bleiben, z. B. durch das aktive Nutzen von Familien-Gruppenchats oder Videoanrufen. In einer der Sitzungen erzählt Frau D., dass sie durch ihr geschwächtes Hörvermögen beim Telefonieren die Schwierigkeit hat, die Person am anderen Ende der Leitung zu verstehen. Spontan wird ein Telefonat initiiert und anhand dessen das Anruf-Menü erkundet. Durch Ausprobieren stößt sie auf die Lautsprecher-Funktion, die sie danach – wie sie am Ende der letzten Sitzung berichtet – weiterhin benutzt: »Endlich muss ich nicht mehr so oft nachhören, was gerade am anderen Ende der Leitung gesagt wurde.« Neben dem Ausprobieren der verschiedenen Funktionen dienen die Sitzungen auch dem Austausch zwischen den beiden Frauen. In der letzten Sitzung werden die vorangegangenen Treffen reflektiert und die Vor- und Nachteile der Digitalisierung diskutiert. Gesprochen wird auch über das bisherige Erlernen von neuen technischen Möglichkeiten im Leben von Frau D. Sie erkennt, dass dank der Digitalisierung die

Menschen nur noch einen Klick voneinander entfernt sind – egal wie eingeschränkt die physische Mobilität zu sein scheint.

Die bisherigen Ausführungen der Kapitel 2 und 3 lassen sich zur Analyse des Fallbeispiels wie folgt nutzen (▶ Tab. 3).

Tab. 3: Bildungs- und Lernanlässe – Analyse des Fallbeispiels

Wirkrichtung	Individuum
Bildungsanlass	Unsicherheit im Umgang mit Digitalisierung/Technik
Bewältigungsaufgabe	Erleben eigener Kompetenz- und Handlungsfähigkeit; Erleben von Eingebundenheit und Vernetzung
Dimensionen	Erleben (ich habe ein Problem), Reflexion (ich will etwas ändern) und Handeln (ich nehme Hilfe in Anspruch)
Handlungsfeld	offene Altenarbeit
Relationen	Frau D. und Frau M. (Seniorin und Sozialarbeiterin)/Frau D. und Frau Z. (Seniorin und Ehrenamtlerin)
Intervention	Entwicklungsimpuls und Einflussnahme auf Verhalten

Eigene Darstellung

4.3 Bildung in Kontexten Sozialer Gruppenarbeit

In der Sozialen Gruppenarbeit steht die Zusammenarbeit mit Mehreren, also einer Gruppe, im Mittelpunkt der Betrachtung. Sie ist eine

> »Methode der Sozialarbeit, die den Einzelnen durch sinnvolle Gruppenerlebnisse hilft, ihre soziale Funktionsfähigkeit zu steigern und ihren persönlichen Problemen, ihren Gruppenproblemen oder den Problemen des öffentlichen Lebens besser gewachsen zu sein« (Konopka 1971, 35, in: Galuske 2013, 96 f.).

»Der ›Groupworker‹ ist dann derjenige, der die Fähigkeit besitzt, diese Beziehungen bewusst zu handhaben« (Knippenkötter 1972, 10, in: ebd., 96). Das Ziel der Sozialen Gruppenarbeit besteht darin, durch die Erfahrungen der Gruppe den einzelnen Mitgliedern Sicherheit, Anerkennung, Unterstützung und Hilfe zu geben. Das Individuum soll gestärkt aus dem Prozess der Gruppenarbeit herausgehen, da in Gruppenkontexten sowohl wichtige Prozesse zur Identitätsbildung als auch für flexiblere Gestaltungen von Rollen sowie emotionale und soziale Unterstützungen stattfinden können. Diese lassen sich als »Sozialisations- und (Um-)Lernprozesse für das Bestätigen anderer und das Bestätigtwerden durch andere, für den Aufbau und die Aufrechterhaltung von Beziehungen« (Stimmer 2020, 282) einordnen und professionell begleiten. Dabei ist für die Soziale Gruppenarbeit die Spannbreite kennzeichnend zwischen einer

> »zwar auch am Wachstum des Einzelnen interessierten, gleichwohl nicht defizitorientierten pädagogischen Arbeit mit Gruppen [...] auf der einen Seite und einer explizit ›heilenden‹, fürsorgerischen Hilfe für benachteiligte, desintegrierte, hilfsbedürftige Individuen, im Rahmen derer die Gruppe zum Ort und Medium der Hilfe und Unterstützung wird, auf der anderen Seite« (Galuske 2013, 101 f.).

Charakteristisch ist, dass die Gruppe sich nicht einfach so zufällig trifft, sondern, dass bewusst als Gruppe agiert wird, sodass von Sozialer Gruppenarbeit in einem engen Verständnis erst dann die Rede ist, »wenn ein [...] geschulter Experte als Leiter der Gruppe fungiert. Umgekehrt bedeutet dies, dass etwa eine Selbsthilfegruppe, in der sich Betroffene gleichberechtigt engagieren, um gemeinsam über ihre Probleme zu reden, [...] noch keine soziale Gruppenarbeit konstituieren würde« (ebd., 97). Fachkräfte sollten sich an den Prinzipien für die Soziale Gruppenarbeit, wie sie bspw. Johannes Schilling und Sebastian Klus (2018) ausführen, orientieren. Die Gruppenarbeit ist eine oft gewählte Methode, bspw. im Rahmen von tagesstrukturierenden Angeboten in Pflegeeinrichtungen, und lässt sich vielfältig gestalten. Thematische Schwerpunkte sind hier etwa Bewegung, Musik, kreative oder hauswirtschaftliche Angebote. »Die vorrangigen Ziele dieser Methode sind die Vermeidung von sozialer Isolation, die Teilhabe an der Gesellschaft und die Förderung von Kommunikation, Mobilität u. a.« (Deppe et al. 2018, 191).

Gruppenbezogene Methoden können damit insgesamt als Handlungsansätze verstanden werden, »die mehrere Personen als eine Gruppe adressieren. Diese wird als Medium zur Selbsthilfe, zum sozialen Lernen, für gemeinschaftliche Bildungserfahrungen, zur Selbstorganisation und Emanzipation genutzt« (van Rießen & Fehlau 2022, 191). Auch in diesem Zitat wird deutlich, welche Ziele durch Nutzung der Methode avisiert werden sollen: Hilfe zur Selbsthilfe, Erleben von Gemeinschaft sowie Selbstorganisation. Im Hinblick auf das Bildungsanliegen lässt sich – quasi im zweiten Schritt – feststellen, dass der zentrale Gedanke im Rahmen der Sozialen Gruppenarbeit darin besteht, sich zu fragen, was die Gruppe im Austausch miteinander lernen möchte. Dies betrifft dann sowohl das Individuum selbst als auch die Gruppe als solche. Diese wird zum »Ort und Medium, um lebendiges Lernen zu ermöglichen« (Stimmer 2020, 278). Entsprechend lässt sich zusammenfassen: Eine Gruppe ist sowohl Ort des Zusammentreffens und auch ein Medium, das genutzt werden kann, um Lernprozesse anzuregen. Diese Lernprozesse finden dabei in unterschiedlichsten Angeboten und Formaten statt wie bspw. als Technik-, Musik- oder Kochangebote. Zentral ist, dass den Älteren dabei Möglichkeiten eröffnet und Räume zur Verfügung gestellt werden, in denen sie mit- und voneinander lernen können.

Ein Beispiel für Gruppenarbeit in einem eher weiteren Verständnis sind selbstorganisierte Lernprozesse, wie sie z. B. in Angehörigengruppen zu finden sind. Eine solche Gruppe eröffnet einen Raum zum Austausch, in dem alle voneinander lernen können, indem z. B. Herausforderungen, die mit der Erkrankung Demenz einhergehen, gemeinsam besprochen und analysiert werden. Bildungsarbeit wird daher vielfach *auch von älteren kompetenten Laien* organisiert, die sich im Rahmen eines oft jahrzehntelangen ehrenamtlichen Engagements die notwendigen Kompetenzen dazu sowohl durch Praxiserfahrung als auch durch kontinuierliche Fortbildung erworben haben und die zudem auf fundiertes beruflich erworbenes Know-how zurückgreifen können. Entsprechend fungieren solche Personen z. B. auch als Expert*innen oder Berater*innen. Da sich in den verschiedenen Zusammenschlüssen, in denen Ältere gemeinsam lernen, Personen mit unterschiedlichen Kompetenzprofilen zusammenfinden, ist es eine logische Konsequenz, dass nicht nur eine Person (be-)lehrend tätig wird. So konstatiert Ortfried Schäffter (1999, 194) im Hinblick auf offene didaktische Arrangements in der Erwachsenenbildung, dass die Rolle des Lehrenden in ergebnisoffenen Lernprozessen den Mitgliedern einer Lerngruppe jeweils für eine bestimmte Dauer zugeschrieben wird: Je nach Fragestellung erweist sich der*die eine oder andere besonders kompetent und wird zum *Lehrenden auf Zeit*. Entsprechend lassen sich in den verschiedenen offenen, zum Teil selbstorganisierten Kontexten der Altersbildung Zuschreibungsprozesse ausmachen, in denen jemand zum*zur Berater*in *gemacht* wird oder sich selbst als Ratsuchende*n definiert. Dennoch werden auch von selbstorganisierten Projekten zuweilen stabilisierend Rahmenbedingungen gewünscht, die dann von Professionellen bereitgestellt werden.

Fallbeispiel: Gruppenangebot zur Handhabung eines Tablets und Ausbildung zur Technikbegleiter*in

Die Sozialarbeiterin Frau M. entwickelt im Rahmen ihrer Arbeit in einer Begegnungsstätte einen dreiteiligen Tablet-Workshop à ca. zwei Stunden. Die Tablet-Schulung stellt eine erste Einführung in die Möglichkeiten dar, wie mit einem Tablet-PC senior*innengerecht gearbeitet werden kann. Damit die Gruppengröße überschaubar bleibt und die neu erlernten Fähigkeiten unmittelbar erprobt werden können, ist die Teilnehmer*innenzahl begrenzt. In der ersten Sitzung gilt es, sich zunächst einmal in aller Ruhe kennenzulernen und die jeweiligen Vorkenntnisse offenzulegen. Die Sozialarbeiterin Frau M. gibt den Älteren genügend Raum, um eigene Ideen einbringen zu können. Sie geht nach dem Prinzip vor, dass sie zunächst einmal wichtige Funktionen erläutert und dann die älteren Menschen ausprobieren lässt. Frau M. macht sich nach einiger Zeit überflüssig, lässt die Teilnehmenden sich v. a. gegenseitig helfen und Hinweise geben. Als es einmal kurz zu Unstimmigkeiten kommt, greift Frau M. moderierend ein. Zum Abschluss erhalten alle, die den Kurs bis zum Ende besucht haben, ein Zertifikat. Viele wollen sich künftig weiter in dem Feld ehrenamtlich engagieren, so können sie ihr Wissen an andere Interessierte (Nachbar*innen, Freund*innen, Familie ...) weitergeben.

4.4 Bildung in Kontexten der Gemeinwesenarbeit

Unter Gemeinwesenarbeit werden Aktionen von Menschen und ihren sozialen Gruppen in ihrem jeweiligen Gemeinwesen verstanden. Die Gemeinwesenarbeit als dritte klassische Methode der Sozialen Arbeit bezieht sich damit auf den Nahraum mit dem Ziel, »die Lebensbedingungen im konkreten Sozialraum partizipativ – also im Sinne und mit den dort lebenden Menschen – zu verbessern« (van Rießen & Fehlau 2022, 194). Kennzeichnend ist eine Erweiterung der individualisierenden Perspektive mit Blick auf konkrete Herausforderungen, wie sie in einzelfall- oder gruppenbezogenen Methoden Sozialer Arbeit zu finden sind, hin zu gesellschaftlichen und räumlichen Perspektiven. Eine solche »gesellschaftliche und räumliche Kontextualisierung der Problemstellungen verhindert dabei eine Individualisierung sozialer Probleme und ermöglicht eine kollektive Problembearbeitung« (ebd., 193). Die Gemeinwesenarbeit beschäftigt sich mit gesellschaftlichen und/oder räumlichen Strukturen; Elemente beider zuvor genannten Methoden können jedoch auch im Rahmen der Gemeinwesenarbeit sinnvoll eingesetzt werden (vgl. Wendt 2017). Im Rückgriff auf Fritz Karas und Wolfgang Hinte lässt sich Gemeinwesenarbeit als Methode definieren,

> »die einen Komplex von Initiativen auslöst, durch die die Bevölkerung einer räumlichen Einheit gemeinsame Probleme erkennt, alte Ohnmachtserfahrungen überwindet und eigene Kräfte entwickelt, um sich zu solidarisieren und Betroffenheit konstruktiv anzugehen. Menschen lernen dabei, persönliche Defizite aufzuarbeiten und individuelle Stabilität zu entwickeln, und arbeiten gleichzeitig an der Beseitigung akuter Notsituationen (kurzfristig) und an der Beseitigung von Ursachen von Benachteiligung und Unterdrückung« (Karas & Hinte 1978, 30 f.).

Da sich mit zunehmendem Lebensalter der Aktionsradius vieler Menschen verkleinert und die Nachbarschaft an Bedeutung gewinnt, stehen Kommunen und Gemeinden angesichts der Zunahme hochaltriger Menschen vor der Aufgabe, kleinräumige, zentrale sektorenübergreifende und vernetzte Angebote zu schaffen. »Im Kern sind solche Entwicklungs- und Gestaltungsprozesse immer auch Lernschritte für alle Beteiligten (Verwaltung, Institution, gesellschaftliche Akteure, Nachbarn)« (Kricheldorff & Klott 2017, 435). Die entsprechende Aufgabe sozialarbeiterischer Bildungsarbeit ist daher die Anregung und Begleitung lebendiger Orte des Gemeinwesens für alle Generationen. Ein aktives Zusammenleben gelingt durch Partizipation und Teilhabe heterogener Generationen. Die damit verbundenen Aushandlungsprozesse sind in einer zunehmend alternden Gesellschaft zu einer zentralen Aufgabe geworden. Es gilt, angesichts konkreter sozialräumlicher Voraussetzungen und vielfältiger Bedarfe, gemeinsam zu verhandeln, wie das Zusammenleben vieler Generationen im Gemeinwesen gelingen kann. Dabei sind Partizipationsprozesse zeitintensive Lernprozesse, da sie sich »nur als Resultat eines ergebnisoffenen kollektiven Lernprozesses unter den Beteiligten realisieren« (Hermann 1995, 144) lassen. Gemeinwesenorientierte Soziale Arbeit findet z. B. in der Begleitung von Senior*innenvertretungen und partizipativer Sozialplanung statt. Diese Bereiche sind in der Geragogik bislang eher wenig thematisiert. In einer Veröffentlichung aus dem Jahr 2022 regt der Sozialökonom Werner Schönig an, diese als eigenes Lernfeld der Altersbildung zu identifizieren (vgl. ebd., 95). Das praktische ›Politik-Machen‹ ist nach seiner Auffassung, in Anlehnung an Deweys Diktum, als ›Learning by Doing Policy‹ ein eigenes Lernfeld. In diesem verbinden sich politische Partizipations- mit Bildungsprozessen, um die Bedarfe älterer Menschen zu artikulieren. Bereits seit den 1980er Jahren können ältere Menschen ihre Anliegen in ehrenamtlichen Senior*innenvertretungen einbringen. Es kann davon ausgegangen werden, dass »bereits heute die überwiegende Mehrheit der Bevölkerung in Kommunen lebt, in denen eine Senior*innenvertretung aktiv ist« (ebd., 98). Die engagierten Älteren in diesen Vertretungen lernen durch diese politische Arbeit viel: sowohl in der Identifikation und Strukturierung der vielfältigen Interessen der älteren Menschen vor Ort als auch in der Auseinandersetzung mit administrativen Verfahren und Budgets sowie in der konkreten Mitwirkung an formellen und informellen Aushandlungsprozessen (ebd., 99). Diese Arbeit ist daher voraussetzungsvoll, und es verwundert nicht, dass der durchschnittliche soziale Status der aktiven Seniorenvertreter*innen deutlich über dem gesellschaftlichen Durchschnitt liegt, da »ein hohes Maß an Fach-, Methoden- und Sozialkompetenz sowie komplementären Ressourcen vorausgesetzt werden, wodurch sie zu einem durchaus exkludierenden Wirkungskreis werden« (ebd., 105).

Damit die Gestaltung des demografischen Wandels in den Kommunen jedoch nicht nur einen exklusiven Kreis älterer Menschen anspricht, sind die Kommunen angesichts der Vielfalt an Lebenslagen und Lebensbedingungen älterer Menschen vor konkrete Aufgaben gestellt. Da gerade im Vierten und Fünften Alter eine stärkere sozialräumliche Orientierung festzustellen ist, gewinnt der unmittelbare Nahraum an Bedeutung. Insbesondere die kommunale Altenarbeit ist gefordert, ihre Angebote stärker zu dezentralisieren, wenn sie den Anspruch hat, auch jene Zielgruppen zu erreichen, die aus unterschiedlichen Gründen nicht oder nur mit Einschränkungen in der Lage sind, sich selbst ehrenamtlich einzubringen oder an bestehenden Angeboten zu partizipieren. Ein erster, sehr offensichtlicher Grund ist, dass bislang eher solche Unterstützungs- und Förderstrukturen dominieren, die das aktive Aufsuchen durch die älteren Menschen voraussetzen, was jedoch aufgrund möglicher Einschränkungen nicht immer praktikabel ist (vgl. Strube et al. 2015, 189). Gerade hier sind Sozialarbeiter*innen in ihrer Kompetenz gefordert, gesellschaftliche Teilhabechancen und -möglichkeiten durch passende zugehende Bildungsangebote zu flankieren (bspw. für Ältere mit geringen ökonomischen Ressourcen, gesundheitlichen Problemen oder jenen mit ethisch-kulturellen Barrieren).

Welche Faktoren aber wirken hemmend oder förderlich für die Beteiligung und Teilhabe, insbesondere auf (sozial) benachteiligte Ältere? In vielen Pilotprojekten der vergangenen Jahre wurden sozialraumbezogene Ansätze der Aktivierung und Beteiligung erprobt und evaluiert, die über die Formate klassischer Senior*innenvertretungen und partizipativer Sozialplanungen hinausgehen. Dabei hat sich gezeigt, dass es förderlich für die Inanspruchnahme und den Zugang ist, wenn es gelingt, gerade ältere Menschen persönlich anzusprechen, oder wenn der Kontaktaufbau über unterschiedliche Multiplikator*innen, die nicht zwingend institutionell eingebunden sind, passiert. Wichtig ist zudem ein niedrigschwelliges Beteiligungsformat, in dem bspw. keine Kosten, keine Fahrdienste, aber direkte/persönliche Einladung und Wertschätzung sowie bei Bedarf Übersetzungen angeboten werden. In der Durchführung von Projekten und gemeinwesenorientierten Aktivitäten zeigt sich die Notwendigkeit professioneller Begleitung. Geragog*innen werden gerade dann gebraucht, wenn in zum Teil zunächst selbstorganisierten Settings die Akteur*innen in gruppendynamischen Prozessen an ihre Grenzen stoßen. Ältere Menschen bringen eine Vielzahl an biografischen Erfahrungen mit und wollen sich weiterhin als kompetent und wirksam erleben. Für die Fachkräfte stellt sich die Aufgabe, vielfältige Formen von Engagement anzuerkennen und sich auf ungewohnte Ideen einzulassen. Werden gemeinwohlorientierte Angebote auch als Orte des Lernens verstanden, bringt dies für die Fachkräfte die Option, auch als Lernbegleiter*innen zu fungieren, die die unterschiedlichen Lernprozesse anregen und unterstützen. Dabei gibt es kein ›geheimes‹ Curriculum, sondern vielmehr ist es notwendig, die Offenheit in der Definition von Zielen zu signalisieren und den ›Eigen-Sinn‹ zu betonen. Hilfreich ist immer die Frage nach dem Nutzungsinteresse in den alltäglichen Lebenszusammenhängen der Akteur*innen.

Zudem erscheint es wichtig, Transparenz über die Einfluss- und Mitwirkungsmöglichkeiten aller Beteiligten zu schaffen, um Frustrationen zu vermeiden. Da Bildungsprozesse immer Beziehungsprozesse sind (▶ Kap. 2.1), sind verlässliche und auf Langfristigkeit angelegte persönliche Kontakte wichtig. Beziehungen und das Erleben gemeinsamer Erfolge können bspw. durch kleinräumige Projekte, in denen Menschen die Wirkungen ihres Handelns unmittelbar nachvollziehen und nutzen können, gestärkt werden. In vielen Projekten zeigt sich, dass diese starke Orientierung an den Anliegen und Interessen der Akteur*innen die klassische kommunale Altenarbeit mit ihren bestehenden Handlungsweisen zu einer Neuorientierung auffordert. Es gilt, in den vielfältigen Formaten gemeinwesenorientierter Arbeit, Unplanbarkeit und Eigendynamik als konstitutive Elemente zu integrieren. Die Orientierung an Organisationseinheiten von Politik und Verwaltung sowie eingespielten Verwaltungsroutinen wirken eher hinderlich und erzeugen nicht selten einen Erfolgsdruck. Das Streben nach effektiver Planung kann zur Ausgrenzung von Andersplanenden führen und sozial selektiv wirken. Gruppen, die zunächst als ›offen‹ deklariert werden, werden schnell zu ›geschlossenen Gesellschaften‹ und exkludieren allein oftmals schon durch die Form der Veranstaltung, wenn bspw. eine große Zahl von Menschen zusammenkommt, implizite Verhaltensregeln wirksam werden oder es eine Notwenigkeit gibt, sich darzustellen und einzubringen zu müssen.

Wünschenswert ist eine politische Prioritätensetzung zugunsten einer sozial ausgewogenen Entwicklung in der Kommune, in der Räume für Kreativität und Eigensinn bis ins hohe Alter bereitgestellt werden: »Kommunale Sozialpolitik und Sozialverwaltung müssen alle Gruppen, auch die mit geringem Status, möglichst ›mitnehmen‹, wenn sie erfolgreich ›unterwegs‹ sein wollen« (Schönig 2022, 94). Diese kommen bislang kommunal immer wieder an ihre Grenzen und brauchen nach Auffassung vieler Expert*innen (vgl. Positionspapier der Fachgruppe Altern der DGSA) auch noch eine stärkere Unterstützung durch Bund und Länder. Resümierend kann festgehalten werden: In der Begleitung gemeinwesenorientierter Lernprozesse stellen sich für die Fachkräfte Sozialer Arbeit vielfältige, interessante und keineswegs leichte Aufgaben: Es gilt niedrigschwellige Zugänge zu schaffen, passgenaue Formate der Moderation wahrzunehmen, kontinuierlich Begleitung anzubieten sowie Bewusstwerdungsprozesse über grundlegende gesellschaftliche Probleme zu initiieren, die der Gestaltung des demografischen Wandels zuträglich sind. Benötigt wird dazu ein Prozess, in dessen Verlauf Bürger*innen individuelle und gemeinsame Bedürfnisse und Ziele mit Blick auf das Gemeinwesen feststellen und Vertrauen und Willen entwickeln können sowie den Mut, etwas dafür zu tun, ›die Sache in die Hand zu nehmen‹. Unterstützend ist dazu eine Haltung von Kooperation und Zusammenarbeit, durch die Lernprozesse für alle Beteiligten (Verwaltung, Institution, gesellschaftliche Akteur*innen, Nachbar*innen) möglich werden. Bildungsprozesse finden vielfach *en passant* statt, in unterschiedlichen Formen gemeinsamer Aushandlungsprozesse.

Fallbeispiel: Entwicklung eines demenzfreundlichen Stadtteils

Das Demenznetz Köln-Kalk und die Katholische Hochschule Nordrhein-Westfalen, Abteilung Köln, haben im Jahr 2021 ein gemeinsames Projekt durchgeführt, um die Demenzfreundlichkeit eines Stadtteils zu stärken. Der Schwerpunkt lag auf dem Einzelhandel und dem Dienstleistungssektor. Hierfür wurden mehrere Mitarbeiter*innen von Studierenden hinsichtlich des Umgangs mit demenzerkrankten Kund*innen sowie zu deren Wünschen befragt. Die Befragung hat vielfältige Situationen aus der Alltagspraxis der befragten Einzelhändler*innen sowie teilweise vorhandene Unsicherheiten hinsichtlich des Umgangs mit demenziell veränderten Kund*innen aufzeigen können. Zu den geäußerten Wünschen der Einzelhändler*innen zählten neben Informationen zum Krankheitsbild Demenz auch Anregungen für eine entsprechende Kommunikationsführung sowie Informationen zu konkreten Hilfen und Ansprechpartner*innen vor Ort. Identifizierte Ziele des Projekts waren: die Ermöglichung der Teilhabe von Menschen mit Demenz und ihren Familien am öffentlichen Leben im Stadtteil und damit die Verhinderung von Isolation und Rückzug; die Etablierung eines wertschätzenden Miteinanders im Stadtteil zwischen Menschen mit und ohne Demenz; der Kooperationsaufbau zwischen professionell tätigen Akteur*innen der Sozialen Arbeit sowie Fachkräften. Auch die Möglichkeit einer wertschätzenden Begegnung zwischen Menschen mit und ohne Demenz, die Eröffnung eines Zugangs zur Welt von Menschen mit Demenz sowie die Sensibilisierung der Öffentlichkeit für die Erkrankung waren Inhalte und Ziele des Projekts. Um diese angehen zu können, wurde eine Schulung für die Mitarbeiter*innen des Einzelhandels entwickelt, in der Informationen über Demenz und den Umgang mit der Krankheit transparent gemacht wurden. Im Anschluss erhielten alle teilnehmenden Geschäfte eine Plakette, die sie in ihren Schaufenstern anbringen konnten. Hiermit wurde ersichtlich, dass dort demenzfreundliches Einkaufen möglich ist und dass das Gemeinwesen sich auch für erkrankte Menschen einsetzt und diesen Zugang und Teilhabe gewährt (Informationen zum Projekt: Demenznetz Köln-Kalk, https://demenznetz-kalk.de/content.php?id=18 #headline).

4.5 Methodenreflexion: Bildungsarbeit mit älteren Menschen in der Sozialen Arbeit

Es ist deutlich geworden, dass es vielfältige methodische Zugänge und Begründungen für potenziell bildungsanregende Methoden im Alter und für das Altern gibt. Stehen Fachkräfte vor der konkreten Aufgabe, Bildungsprozesse anzuregen, erscheint es hilfreich, sich mit folgenden Perspektiven und Fragen (vgl. Galuske 2013, 35) zu beschäftigen und diese im Hinblick auf Bildungsanliegen zu konkretisieren.

Leitfragen für bildungsanregende Methoden

1. Welche Probleme und Bildungsanliegen sollen mit der Methode bearbeitet werden? Wird die Methode den Problemen gerecht? → *Sachorientierung*
2. Welche Ziele sollen mit der Methode erreicht werden? Lassen sich die Ziele mittels der Methode einlösen? → *Wirkungsorientierung*
3. Wird die Methode den betroffenen Personen gerecht? Welche Relationen spielen ggf. zentrale Rollen? → *Personenorientierung*
4. Ist die Methode sinnvoll innerhalb der institutionellen Rahmenbedingungen/der Handlungsfelder anwendbar? → *Arbeitsfeldorientierung*
5. Ist die Methode unter den gegebenen situativen Rahmenbedingungen anwendbar? → *Situationsorientierung*
6. Ermöglicht die Methode die gezieltere Planbarkeit von Hilfeprozessen? → *Planungsorientierung*
7. Lassen sich am Ende Aussagen darüber treffen, ob und wie die Methode hinsichtlich der damit intendierten Bildungsanliegen gewirkt hat? → *Überprüfbarkeit*

Es ist für die Reflexion der Anwendung von Methoden und ihrer integrierten Bildungsgehalte hilfreich, sich der Argumentation methodischen Handelns in der Sozialen Arbeit von Hiltrud von Spiegel (2018) anzuschließen. Unabhängig davon, ob ein Projekt geplant, eine Situation gestaltet oder eine Konzeption entwickelt wird, sollte die Einbettung methodischen Handelns in größere Konzepte Sozialer Arbeit erfolgen. Dies bedeutet im Hinblick auf die Bildungsarbeit mit älteren Menschen in Kontexten Sozialer Arbeit entsprechend: (1) Die Analyse der Rahmenbedingungen, z. B. die Frage nach der Funktion des Arbeitsfelds, den gesetzlichen Grundlagen, aktuellen sozialpolitischen Trends, gesellschaftlichen Zuschreibungsprozessen, administrativen Handlungskontexten, Organisationsstrukturen und -kulturen, die sich jeweils förderlich oder hemmend auf die Thematisierbarkeit und Gestaltbarkeit von Bildungsprozessen auswirken. (2) Die konkrete Situations- oder Problemanalyse mit Blick auf den älteren Menschen selbst: z. B. biografische Informationen, Lebenswelt und Lebenslage, Analyse der Arbeitsbeziehung, Motive und Anliegen. (3) Die i. d. R. partizipative Entwicklung von Zielen, wie z. B. dem Aufbau auf der Ausgangslage, der Herausarbeitung des Ansatzpunkts, der konkreten Zielformulierung oder auch ggf. der Dokumentation der Arbeitsschritte. (4) Die nachvollziehbare Planung, z. B. Operationalisierung der methodischen Vorgehensweise, Ressourcenbeschaffung und -förderung, Gestaltung förderlicher Kontexte und Regeln sowie Folgenabschätzung. (5) Das konkrete sozialgeragogische Handeln in Situationen. Da jedoch koproduktives, kommunikatives Handeln immer dynamisch und kaum vorhersehbar ist, ist dieses prinzipiell nicht zu methodisieren, weshalb Emotionen in Handlungssituationen einen besonderen Stellenwert haben. (6) Die Evaluation durch Fremd- und Selbstevaluation oder Wirkungsforschungen. Gerade Letzteres erscheint im Hinblick auf Bildungsanliegen besonders voraussetzungsvoll und eröffnet ein weiteres, spannendes Forschungsfeld.

Auf den Punkt gebracht

Bildungs- und Lernprozesse in der Sozialen Arbeit mit älteren Menschen können in verschiedenen methodischen Kontexten stattfinden. In allen drei ›typischen‹ Formaten – Soziale Einzel-(Fall-)Hilfe, Soziale Gruppenarbeit sowie Gemeinwesenarbeit – spielen Lern- und Bildungsprozesse eine (wenn auch nicht immer explizit benannte) Rolle. Wenn es Fachkräften der Sozialen Arbeit gelingt, in den vielfältigen

Sozialformen den Blick auf die darin enthaltenen Bildungsoptionen zu richten und gezielt Bildungsprozesse anzuregen, sie professionell zu begleiten und sie nach außen zu vertreten und sichtbar zu machen, dann hat die geragogische Perspektive in den Methoden Sozialer Arbeit ihre Wirkkraft entfaltet.

Reflexionsfragen

- Wie unterscheiden sich die drei Methoden der Sozialen Einzel-(Fall-)Hilfe, der Sozialen Gruppenarbeit sowie der Gemeinwesenarbeit hinsichtlich der Gestaltung von Bildungs- und Lernprozessen?
- Inwiefern lassen sich Bildungsprozesse in diesen methodischen Zugängen identifizieren und professionell begleiten? Welche Faktoren wirken sich, gerade mit Blick auf schwer erreichbare Zielgruppen älterer Menschen als förderlich für die Inanspruchnahme von Angeboten aus?
- Warum ist es hilfreich, methodisches Handeln – gerade im Hinblick auf Bildungsprozesse mit älteren Menschen – strukturiert zu reflektieren und zu vertreten?

Weiterführende Literatur

Galuske, Michael (2013): Methoden der Sozialen Arbeit. Eine Einführung (10. Aufl.). Weinheim und Basel: Beltz Juventa.

Wittkämper, Walter, Schäfer, Alina, Stockem, Carina & Hemgesberg, Lukas V. (2022): Digitale Bildung in der stationären Altenhilfe. In: Schramek, Renate, Steinfort-Diedenhofen, Julia & Krichelddorff, Cornelia (Hrsg.): Diversität der Altersbildung. Geragogische Handlungsfelder, Konzepte und Settings. Stuttgart: Kohlhammer.

Von Spiegel, Hiltrud (2018): Methodisches Handeln in der Sozialen Arbeit (6. Aufl.). München: Reinhardt.

5 Bildungs- und Lernräume: Orientierung an didaktischen Prinzipien der Geragogik

> **Überblick**
>
> In diesem Kapitel wird nach den Gestaltungsmöglichkeiten von Bildungsprozessen im Alter und für das Älterwerden gefragt. Dabei richtet sich der Blick sowohl auf die große Heterogenität der Lernenden – die sich z. B. hinsichtlich ihres Bildungsinteresses und -verständnisses unterscheiden – als auch auf die Lehrenden, die Bildungsarbeit mit Älteren planen und umsetzen. Auf der Basis des Paradigmas der Ermöglichung werden Leitprinzipien für die didaktische Gestaltung vorgestellt, die sich als Orientierungshilfen in der geragogischen Arbeit bewährt haben; diese beziehen sich zumeist auf Formen organisierten Lernens.

5.1 Heterogenität der Lernenden und Differenzialität als Merkmal

Wie in anderen Handlungsfeldern Sozialer Arbeit zeigt sich auch in der Sozialen (Alten-)Arbeit, dass

> »das Wissen um die Heterogenität des Alters sowie Kenntnisse über die unterschiedlichen Zielgruppen vor Ort und ihre jeweiligen Bedarfe und Interessen grundlegend [sind, um Anm. der Verf] alle älteren Menschen an der Bereitstellung von Angeboten der Sozialen Arbeit teilhaben zu lassen und Zugänge zu den Angeboten zu öffnen« (vgl. Klein et al. 2021, 1).

5 Bildungs- und Lernräume

Bildungsprozesse lassen sich – insbesondere mit älteren Menschen, die bereits über viel Lebens- und Lernerfahrungen (die zudem nicht immer positiv erinnert werden) verfügen – nicht zielgerichtet und quasi mechanisch steuern. Als Geragog*in ist man gut beraten, keine schnellen Veränderungen durch Bildungsprozesse zu erwarten, erst recht nicht, wenn versucht wird, solche Änderungen gegen den Willen und gegen tiefere, innere Tendenzen der Betreffenden oder quasi über deren Kopf hinweg zu erreichen. Hinsichtlich der Gestaltung von Bildungsprozessen hat es sich grundsätzlich als weiterführend gezeigt, sich an den jeweils unterschiedlichen Voraussetzungen, Bedürfnissen und Motivationslagen der Lernenden zu orientieren, was mit dem Begriff *differenzielle Bildung* oder auch *differenzielle Didaktik* beschrieben wird (vgl. Kade 2009). Diese Unterschiedlichkeit als Anregung für die Gestaltung von Lern- und Bildungssituationen zu nutzen, ist als permanente Passungsarbeit und Balancierungsleistung innerhalb der Lerngruppen zu verstehen, die viel didaktisches Geschick in der Begleitung dieser Prozesse und oftmals auch Übung benötigt.

Dass Menschen bis ins hohe Alter hinein nicht alle gleich lernen (können), zeigt sich u. a. in einer Untersuchung von Rudolph Tippelt und Kolleg*innen. In dieser empirischen Untersuchung konnten sie herausarbeiten, dass ältere Menschen sehr unterschiedliche Bildungsinteressen und -verständnisse mitbringen. Die Erfahrungen, die sie in ihrer Biografie im Rahmen von Lern- und Bildungsangeboten gemacht haben, wirken auf den Zugang zu Bildung bis ins hohe Alter ein. Eine ausführliche Darstellung der genannten Typen findet sich im sechsten Altersbericht (BMFSFJ 2010, 148 ff.). Tippelt et al. (2009) unterscheiden vier charakteristische Typen.

Bildungsinteresse und -verständnis: vier charakteristische Typen

- *Sozial-emotionaler Typ:* hohe Bildungsaspirationen, i. d. R. Erwerb guter Bildungsabschlüsse, häufig Unterstützung durch familiäre Netze, hohe Wirkungserwartung im Hinblick auf die eigene Persönlichkeit, breites Bildungsverständnis, hohe Erwartung an Qualität, häufig in der Freizeit aktiv und ehrenamtlich engagiert.

- *Utilitaristischer Typ:* Teilnahme an Bildungsangeboten nur dann, wenn diese an ein bestimmtes Ziel geknüpft sind, z. B. Erlangen eines Zeugnisses/Zertifikats, Schulzeit oft durch Misserfolge geprägt, Bildungsaspiration kaum ausgeprägt, häufig autoritärer Erziehungsstil der Eltern, Logik der Verwertbarkeit von Bildung wirkt bis in die nachberufliche Phase hinein.
- *Selbstabsorbierend-kontemplativer Typ:* i. d. R. sehr erfolgreiche Bildungswege mit hohen Bildungsabschlüssen, sehr weites Bildungsverständnis (kognitiv, sozial, emotional …), Bildung als Mittel zur Weiterentwicklung der eigenen Persönlichkeit.
- *Gemeinwohlorientiert-solidarischer Typ:* i. d. R. positive Bewertung der Schulzeit, nicht immer besonders hohe Abschlüsse, Erwerb sozialer Kompetenzen und Vermittlung von Werten sozialer Gerechtigkeit werden als zentral angesehen, Wunsch, das gewonnene Wissen an nachfolgende Generationen weiterzugeben, hohe formale Weiterbildungsaktivität, Lernen und Freizeitgestaltung gehen ineinander über.

Diese verschiedenen Ausgangslagen in den Lernbiografien sind in der Bildungsarbeit mit älteren Menschen in den Kontexten Sozialer Arbeit zu berücksichtigen. Aufschlussreich ist dabei auch ein Blick auf historisch-gesellschaftliche Prägungen wie bspw. geschlechtsspezifische Unterschiede in Bezug auf die Grundbildung und berufliche Qualifikation. Viele Indikatoren (wie Schulbildung, Einkommen oder Bildungsstatus der Eltern) können als potentielle Barrieren gegenüber einer Bildungsteilhabe v. a. noch auf diejenigen wirken, die heute 80 Jahre und älter sind. Diejenigen, die heute im Dritten Alter sind – die sog. *Babyboomer-Generation* – profitieren jedoch eher von der Bildungsexpansion der 1960er Jahre. Bezogen auf das Merkmal der Differenzialität bedeutet dies, dass sowohl negative als auch positive, kohorten- oder genderspezifische Effekte und Erfahrungen in der Gestaltung der Bildungsprozesse mit einzubeziehen und zu nutzen sind.

5.2 Paradigma der Ermöglichungsdidaktik und Begleitung als professionelle Aufgabe

Das konstruktivistische Paradigma der Ermöglichungsdidaktik liefert die Basis, auf der sich konkrete Leitprinzipien für die Gestaltung von Lernen im Alter identifizieren lassen. Das Paradigma der Ermöglichung gilt als aktuelle geragogische Leitkonzeption (vgl. Bubolz-Lutz et al. 2022, 174) und richtet den Fokus konsequent auf das Interesse der Lernenden (und nicht das der Lehrenden). Im Konstruktivismus wird davon ausgegangen, dass alles Wissen auf der Basis bisheriger Erfahrungen konstruiert ist. Entsprechend können Lehrende das Lernen nur anregen und ermöglichen, nicht erzeugen. Didaktisch vollzieht sich somit eine Wende: weg von der ›Belehrungsdidaktik‹ hin zur ›Ermöglichungsdidaktik‹. Für die Lehrenden bedeutet dies, dass sie zwar für die Qualität ihrer Lehre, nicht aber für das Lernen selbst verantwortlich sind. Indem sie Prozesse der selbstständigen und selbsttätigen Aneignung begleiten, werden Lernprozesse ergebnisoffener und regen dazu an, Neues zu entdecken, statt Bekanntes zu reproduzieren. Gestützt wird dieses Konzept der didaktischen Gestaltung auch von Ergebnissen der Neurodidaktik, die die Erkenntnisse der Hirnforschung für die Gestaltung von Lernen und Bildungsprozessen fruchtbar macht (vgl. Hermann 2006; Bubolz-Lutz et al. 2022, 175).

Lernen gelingt dann besonders gut, wenn

- in einer angstfreien Atmosphäre gelernt wird,
- an vorhandene Erfahrung angeknüpft werden kann, da dann das Gehirn beim Verarbeiten von Informationen Muster erkennt,
- das Lernen ›Sinn macht‹ und sein Wert einsehbar ist,
- wenn verschiedene Sinneskanäle angeregt und beide Hirnhälften angesprochen werden,
- das Gelernte auch auf neue Problemstellungen hin geübt und angewendet wird,
- Lernen von persönlichem Interesse geleitet wird und Freude bereitet sowie

- Lernen weitestgehend selbst organisiert wird und ein Bewusstsein und ein Gefühl für den eigenen Lernprozess entsteht.

Die Orientierung am Paradigma der Ermöglichung stellt in Bezug auf die Bildungsarbeit mit Älteren die Frage, inwiefern herkömmliche Formate (z. B. in vorgefertigten Modulsystemen) geeignet sind, die Eigenaktivität der Älteren im Lernprozess anzuregen. Knüpfen Lernprozesse an die Lebensfragen und -themen der Menschen an, dann ist dies zwar – aus didaktischer Perspektive – erheblich arbeitsintensiver, verhindert aber oft eine asymmetrische Kommunikationsstruktur, stärkt damit die Lernenden und fördert deren persönliche Weiterentwicklung. Diese Art und Weise der professionellen Begleitung von Lernprozessen lässt sich auch mit dem Begriff der »entwicklungsförderlichen Begleitung« (Kade 2009, 115) zusammenfassen.

Der Ansatz der Ermöglichungsdidaktik und der darin enthaltene *Ansatz zur Begleitung* von Lernprozessen weist große Parallelen zu dem in der Sozialen Arbeit vielfach bewährten Ansatz des Empowerments auf. Auch hier geht es darum, (nicht nur ältere) Menschen zum Entdecken ihrer eigenen Stärken zu ermutigen, ihre Ressourcen wahrzunehmen und ihr Leben (möglichst) selbstbestimmt zu gestalten. Das Empowerment richtet sich dabei sowohl auf den Prozess der Selbststärkung als auch auf die professionelle Unterstützung, also die Stärkung von außen. Bubolz-Lutz weist darauf hin, dass dazu seitens der Geragog*innen eine »normative Enthaltsamkeit« (2022, 177) geboten ist, also ein Verzicht auf Beurteilung. Es gilt, Zuschreibungen – z. B. in Bezug auf Hilflosigkeit – zu unterlassen und stattdessen die Autonomie und Lebensentwürfe der älteren Menschen im Sinne der oben beschriebenen Differenzialität zu achten. Wird dies umgesetzt, lässt sich die Rolle der Geragog*innen klar definieren: Es geht nicht darum zu helfen, sondern zu begleiten. Diese Haltung wird treffend auch in folgenden Ausführungen artikuliert:

> »Laßt deshalb die Menschen *ihre* Lernerfahrungen machen, in *ihrer* Umgebung, mit *ihren* Sinngehalten, mit *ihren* Werten und *ihren* Zielen! Kümmert euch aber darum, daß diese Prozesse überdacht werden und schafft eine Atmosphäre, die Kommunikation zuläßt, personalen Kontakt ermöglicht und zu gemeinsamer Reflexion ermutigt‹, schreibt Hinte. Wer meint, anderen immer mit aller Macht

›auf die Spur‹ oder ›auf die Sprünge‹ helfen zu müssen, vielleicht sogar, um ihnen aus tiefem Wohlwollen heraus nachteilige Erfahrungen zu ersparen, verhindert in Wirklichkeit Erfahrungen und damit Lernen« (Böcher 1996, 260f., Hervorhebungen im Original).

Die hier formulierte Aufgabe der Begleitung von Lern- und Bildungsprozessen schließt an die Argumentation der Ermöglichungsdidaktik nahtlos an. Der Ansatz der Lernbegleitung ist in vielen Projekten und Arbeitszusammenhängen erprobt und hat sich als wirksames Format in der Praxis der Altersbildung bewährt (vgl. Bubolz-Lutz 2022, 21). Begleitung realisiert sich in vielen Akten, so bspw. in Gesprächen, im Zuhören, im Trösten und immer auch als Beziehungsarbeit im persönlichen Kontakt. Dies trifft sowohl auf Bereiche des freiwilligen, bürgerschaftlichen Engagements als auch auf informelle Lernkontexte – wie in Familien, Freundschaften und Nachbarschaften – zu. In Abgrenzung zur Beratung handelt es sich im Konzept der Begleitung nicht um eine Interventionsform, die im professionellen Kontext angesiedelt ist, sondern Begleitung kann sowohl im Kontext organisierter Prozesse als auch im Alltäglichen stattfinden. Verwiesen sei an dieser Stelle darauf, dass auch im Rahmen des bürgerschaftlichen, freiwilligen Engagements für und mit älteren Menschen in den letzten Jahren ein vielfältiges Spektrum unterschiedlicher Begleitungsprofile entstanden ist (z. B. Demenzbegleitung → Unterstützung für Personen im höheren Alter, die an einer Demenz erkrankt sind; Pflegebegleitung → psychosoziale Stärkung pflegender Angehöriger). So werden Begleitungsaufgaben nicht nur von professionellen Fachkräften, sondern auch von qualifizierten Freiwilligen übernommen.

Im Folgenden wird abschließend in didaktische Leitprinzipien eingeführt, die für das Anliegen, Bildungsarbeit mit und für ältere Menschen in den Kontexten Sozialer Arbeit professionell zu begleiten, wichtige Orientierungspunkte darstellen. Durch sie wird konkretisiert, wie Bildung im Alter ermöglicht und erleichtert werden kann.

5.3 Leitprinzipien für didaktische Gestaltungen von Lernprozessen

Neben allen Beschreibungen von Prozessen und Kontexten der Bildungsarbeit mit älteren Menschen in der Sozialen Arbeit, stellt sich unweigerlich auch die Frage ›methodischer Tricks‹. Dabei geht es darum, »Menschen anzuregen und ihnen zu helfen, über sich selbst und über ihr Leben nachzudenken, Prozesse der Selbsterfahrung in Gang kommen zu lassen« (Böcher 1996, 259). Die folgenden Ausführungen zu einer Didaktik von Bildung im Alter und für das Älterwerden beziehen sich zunächst auf die Frage, wie Lernprozesse ermöglicht, erleichtert und gefördert werden können. Die *Didaktik der Altersbildung* blickt auf die Gestaltung von Bildungsprozessen und bezieht dabei die Älteren sowohl als Lernende als auch als Lehrende ein und beschreibt die damit verbundenen Wechselwirkungen. Dabei bringen die älteren und alten Menschen gleichwertig ihre Gefühle und Bedürfnisse in den Lernprozess ein und stellen als Expert*innen ihres eigenen Lebens ihr Lebenswissen anderen zur Verfügung, denn »wahre Bildung entsteht vor allem dort, wo Menschen in gegenseitigem Geben und Nehmen zusammenleben« (ebd.). Um diese Wechselseitigkeit anzuregen, stehen Fachkräfte vor der Aufgabe, für die Bildungsarbeit mit älteren Menschen passgenaue Zugänge zu Angeboten – gerade für Menschen in prekären Lebenslagen – zu entwickeln.

Sowohl Studierende als auch langjährig tätige Fachkräfte fragen in geragogischen Fort- und Weiterbildungen immer wieder nach konkreten Handlungsmaximen, an denen sie sich orientieren können. Diese ›Schlüssel‹ zur gelingenden Bildungsarbeit werden in der Geragogik unter dem Begriff *didaktische Prinzipien* (vgl. Bubolz-Lutz et al. 2022) zusammengefasst. Die auch normativ geprägten (vgl. ebd., 16) Prinzipien sind als richtungsweisende Grundsätze zu verstehen. Sie zielen sowohl auf Selbstklärung und persönliche Entwicklung als auch auf Partizipation, Integration und Teilhabe und umfassen auch das Reflektieren von globalen Zusammenhängen und politischem Handeln. Die Suche nach solchen Prinzipien kann als fortlaufender und vermutlich nie abschließbarer Prozess verstanden werden. Trotz aller Unterschiedlichkeit der älteren Menschen und auch besonders angesichts der oftmals schwierigen Zugänge älterer Menschen zu Angeboten der Sozialen Arbeit lassen sich wichtige, und ganz grundsätzliche, ›Schlüssel‹ identifizieren. So konnten Ludger Klein und Kolleg*innen in einem Praxisforschungsprojekt (2021) herausarbeiten, dass es v. a. um drei relevante Aspekte geht: (1) die Thematisierung des möglichst unmittelbaren Nutzens für die adressierten Zielgruppen, (2) die Ausrichtung und Anknüpfung an ihren Kompetenzen statt an Defiziten sowie (3) die Berücksichtigung ihrer spezifischen Lebenswelten (vgl. Klein et al. 2021, 24 ff.). Die gesellschaftlichen und globalen Krisen der letzten Jahre machen darüber hinaus deutlich, dass Bildung dazu anregen sollte, über den ›eigenen Tellerrand‹ und Nahraum hinauszusehen. Dies umfasst, sich um Erkenntnisse zu gesellschaftlich relevanten Fragestellungen zu bemühen und politisch handlungsfähig zu werden.

In der Geragogik sind bislang acht Leitprinzipien zur Gestaltung von Bildungsprozessen mit Älteren identifiziert, die sich – und dies sei einschränkend erwähnt – vorwiegend auf Formen von Bildungsarbeit mit Personen beziehen, die in ihrer geistigen Leistungsfähigkeit wenig eingeschränkt sind.

Acht Leitprinzipien zur Gestaltung von Bildungsprozessen

1. *Verknüpfungen von Reflexion & Handeln:* Bildungsarbeit soll sowohl reflexions- als auch handlungsorientiert sein und ist damit Quelle und Anregung zur Gestaltung des individuellen Lebens, der persönlichen Beziehungen, der gesellschaftlichen Situation, wobei hier ein weiterer Begriff des politischen Handelns intendiert ist, der auch veränderte Haltungen miteinschließt.
2. *Anregung zum Erfahrungsaustausch:* Bildungsarbeit soll an das vorhandene Erfahrungswissen der älteren Menschen anknüpfen und die Bedeutsamkeit des wechselseitigen Austauschs herausarbeiten.
3. *Thematisierung der Lernbiografie:* Bildungsarbeit soll sowohl die Vergangenheit, Gegenwart und Zukunft thematisieren und Entwicklungsperspektiven in den individuellen Lernbiografien aufgreifen und als Ausgangspunkte nutzen.

4. *Förderung der Selbst- und Mitbestimmung:* Bildungsarbeit soll die Bedürfnisse nach Selbst- und Mitbestimmung in einem möglichst hohen Maß in Form von Eigeninitiative der Lernenden ermöglichen, dabei geht es sowohl um Selbstvergewisserung und die persönliche Klärung eigener Standpunkte als auch um Abstimmungs- und Aushandlungsprozesse, z.B. in einer Gruppe.

5. *Ermöglichung von Kontakt und Zugehörigkeit:* Bildungsarbeit soll den intra- und intergenerationellen Austausch anregen, z.B. durch einladende Begegnungsorte und/oder offene, leicht zugängliche Angebote.

6. *Auseinandersetzung mit Wertvorstellungen:* Bildungsarbeit soll ethische Fragen aufgreifen und zum Dialog über Werte anregen, wobei die Aufgabe der Geragog*innen vornehmlich in einer wertschätzenden Moderation besteht; sie können Deutungsmöglichkeiten einbringen, sollten aber offenlegen, wenn diese ihren persönlichen Überzeugungen und Erfahrungen entstammen.

7. *Einbindung in Lebenszusammenhänge, den sozialen Nahraum und Netzwerke:* Bildungsarbeit soll ›nah am Menschen‹ und seinen Lebenswelten sein, dabei geht es z.B. auch um die Schaffung von Lern-Netzwerken.

8. *Schaffung von anregenden Lernumgebungen:* Bildungsarbeit soll eine förderliche Lernumgebung schaffen und Bildung so arrangieren, dass lernförderliche Umgebungen sowohl als Sozial- als auch als Erlebnisraum dienen können, denn Bildung vollzieht sich nicht nur im nach außen gerichteten Tätigsein, sondern auch im Aufnehmen von Eindrücken, also in der Rezeption. So kann Hören, Sehen oder Fühlen zu innerer Bewegung führen.

Die Orientierung an diesen acht Prinzipien kann die Frage beantworten, welche Aspekte bei der Gestaltung von Lernprozessen förderlich sind. Ergänzt werden sie durch Erkenntnisse aus Forschungen zu Lernmotivationen (›Selbstbestimmungstheorie der Motivation‹, Deci & Ryan 1993, und die Theorie der ›motivierenden Kraft des Sicherheitsgefühls‹, Kasser 2004) sowie durch die Hinweise, die sich aus dem Konzept der Salutogenese (Antonovsky 1997) ableiten lassen. Aus der Zusammenführung der drei Modelle lassen sich weitere lernförderliche Aspekte benennen, die im aktuellen geragogischen Diskurs unter dem Begriff *motivationsorientiertes Lernen* (vgl. Bubolz-Lutz & Schramek 2022) weiter diskutiert werden. Das Anknüpfen an Motivationen zur Veränderung und Bewältigung von Lebens- und Entwicklungsaufgaben ist bereits in das *Modell zum Professionellen Handeln in Bildungsprozessen* integriert (▶ Kap. 2.3). Ergänzend zu der vorherigen Auflistung und der Vollständigkeit halber sind daher für die Planung und Reflexion von Lernprozessen zudem folgende Aspekte zu beachten: ein Verständnis von Situationen, Möglichkeit der Wahl und Selbstbestimmung, Erleben eigener Kompetenz und Handlungsfähigkeit, Empfinden eines geschützten Rahmens, Wissen um die eigenen Werte und Ziele sowie Erleben von Eingebundenheit und Vernetzung (vgl. Bubolz-Lutz et al. 2022, 173).

Auf den Punkt gebracht

In der Bildungsarbeit mit älteren Menschen in der Sozialen Arbeit rückt das Subjekt mit seinen Lerninteressen ins Zentrum. Dies erfordert eine besondere Art der Didaktik. Es stellt sich die Aufgabe, passende Lernarrangements zu entwickeln, in denen die unterschiedlichen Lerntypen mit ihren jeweiligen biografischen Prägungen positive neue und oft auch gemeinsame Lernerfahrungen machen können. Mit den Stichworten Ermöglichung, Begleitung und Motivationsorientierung stehen Orientierungsmarken zur Verfügung, die in geragogischen Planungen ihre Berücksichtigung finden. Dies meint aber nicht, dass sich Bildungsanliegen ausschließlich auf die einzelnen Lernenden beziehen. Vielmehr können die genannten Orientierungen eine gute Ausgangslage schaffen, sich mit den drängenden Zukunftsherausforderungen zu befassen und sich entsprechend zu engagieren. Dazu braucht es lernförderliche Bedingungen, die Lernprozesse bis zum Lebensende ermöglichen und anregen.

Reflexionsfragen

- Was ist meine Aufgaben als Lernbegleiter*in in der Sozialen (Alten-) Arbeit?
- Warum ist es notwendig, offene Lernräume zu schaffen, und wie kann dies gelingen?
- Inwiefern kann mit dem Stichwort der ›Begleitung‹ professionelles Handeln der Sozialen Arbeit begründet werden? In welchem Verhältnis stehen die Begriffe Bildung, Beratung und Begleitung?

Weiterführende Literatur

Bubolz-Lutz, Elisabeth, Engler, Stefanie, Kricheldorff, Cornelia & Schramek, Renate (2022): Geragogik. Bildung und Lernen im Prozess des Alterns. Das Lehrbuch. Stuttgart: Kohlhammer.
Bubolz-Lutz, Elisabeth & Schramek, Renate (2022): Motivations-Orientiertes Lernen: ein neues didaktisches Konzept. In: Newsletter für Engagement und Partizipation in Deutschland 14. Unter: https://www.b-b-e.de/fileadmin/Redaktion/05_Newsletter/01_BBE_Newsletter/2022/07/BBE-Newsletter-14-Schramek_Bubolz-Lutz.pdf, Zugriff am 29.08.2022.
Rubin, Yvonne & Glaser, Roger (2019): Benachteiligte ältere Menschen erreichen: Diskussion von Zugängen und Methoden. In: Alisch, Monika, Hagspihl, Stephanie, Kreipl, Claudia & Ritter, Martina (Hrsg.): Soziale Innovationen: Alter(n) in ländlichen Räumen. Perspektiven von Selbstorganisation, Teilhabe und Versorgung. Kassel: kassel university press, 123–139.

6 Ausblick, Konsequenzen und Impulse

Das Älterwerden stellt jede*n Einzelne*n, aber auch seine Beziehungen sowie ganze Institutionen und Sozialräume vor neue Lernaufgaben, die in diesem Buch anhand vieler Beispiele konturiert wurden. Diesen Aufgaben zu begegnen und Lernprozesse zu begleiten, ist, wie gezeigt werden konnte, auch die Aufgabe der Sozialen Arbeit. Mit der Einnahme einer sozialgeragogischen Perspektive können Überlegungen zur Vielfalt des Alter(n)s und den damit verbundenen Lernanlässen auch für all jene in den Blick gerückt werden, die in bisherigen klassischen Angeboten eher wenig erreicht werden konnten. Aktuell steht mit der Generation der Babyboomer eine kritische und selbstbewusste neue Altengeneration an der Schwelle. Dies eröffnet neue Perspektiven, Fragen und Lernthemen. Die Lebensphase des Alters befindet sich aber auch insgesamt, also sowohl das Dritte, das Vierte als auch das Fünfte Alter betreffend, in einem fundamentalen Wandel und verlangt nach sozialen Innovationen in ihrer Ausgestaltung (vgl. Kolland et al. 2018, 9).

> »Vor allem wegen des kollektiven demografischen Alterns der Bevölkerung und den damit verbundenen quantitativen wie qualitativen Umstrukturierungen im sozialen Dienstleistungsbedarf muss die Debatte um die Zukunft sozialer Dienste im Segment soziale Altenpolitik und -arbeit offensiv und innovativ weitergeführt werden« (Naegele 2011, 420).

Dabei darf auch die Thematisierung von lebenslangem Lernen und dem Menschenrecht auf Bildung bis zum Lebensende nicht aus dem Blick geraten. Denn

> »Bildung ist ein nicht abschließbarer Prozess. Er endet nicht in einem bestimmten Wissen, Können oder Sein, sondern er bedarf der lebenslangen Offenheit für Lernen und Erfahrung. Zugleich ist Bildung angewiesen auf gesell-

schaftliche Rahmenbedingungen, die den Erwerb von Wissen und die Umsetzung in Handeln ermöglichen« (Bubolz-Lutz et al. 2022, 32).

Die Soziale Arbeit ist die Disziplin und Profession, die diese demografische Herausforderung – gemeinsam mit vielen anderen Akteur*innen – (mit-) gestalten kann und muss. Dazu bietet ihr die Geragogik mit ihren spezifischen didaktischen und methodischen Ansätzen eine Erweiterung ihrer bisherigen Handlungsperspektiven, und dies sowohl in klassischen Feldern und Formaten als auch in neuen Zugängen und Ansätzen, und »bildet eine weitere relevante Bezugsdisziplin in deren interdisziplinären Professionsverständnis« (Kricheldorff & Klott 2017, 436). Die mit dem Thema Bildung und Alter dargestellten Herausforderungen und Chancen sind nicht zu lösen, sondern bedürfen einer fortwährenden Reflexion. Dabei sind sowohl die Gefahren einseitiger, an gesellschaftlichem Nutzen ausgerichteter Bildungsvorstellungen sowie die Chancen der Altersbildung zu beachten. Es erscheint zentral, das zugrundeliegende Bildungsverständnis immer wieder zu hinterfragen. Da die Aufforderung zu lebenslangem Lernen von bestimmten Milieus auch als Zumutung oder Bedrohung wahrgenommen werden kann (vgl. Miesen 2015, 43), ist dies nicht trivial. Die Vorstellungen, die mit dem Begriff ›Bildung‹ assoziiert werden, sind in den Milieus höchst unterschiedlich. Erst wenn reflektiert wird, für wen bestimmte Formen von Bildung ansprechend sind, kann es gelingen, neue Formate zu entwickeln.

Abschließend lassen sich Impulse zur Weiterentwicklung des Anliegens (z. B. auch als Themen für Forschungs- und Abschlussarbeiten) auf der Basis der bisherigen Ausführungen zusammenfassen.

Handlungsbedarfe

- Investitionen in partizipative Forschungen, z. B. zu Bildungsanlässen spezifischer Zielgruppen und daran anschließend die Erprobung und Entwicklung von Bildungsstrategien oder Nachvollzug von Deutungs- und Handlungspraktiken im Kontext lebenslanger Lernprozesse;
- (weiteres) Prüfen gesetzlicher Grundlagen für Bildungsarbeit im Alter, z. B. in Form eines Altenhilfegesetzes (dies ist aktuell Inhalt

vieler Fachdiskurse, siehe hierzu bspw. https://www.dgsa.de/fach
gruppen/soziale-arbeit-in-kontexten-des-alterns);
- Verstetigung und Ausweitung erfolgreicher (Modell-)Projekte, insbesondere im Bereich von Präventivangeboten und Bürger*-innengagement;
- (Weiter-)Entwicklung einer noch stärker an der Alltags- und Lebenswelt orientierten Altersbildung, v. a. im Hinblick auf individuelle Motivationen für Lernprozesse;
- Nachvollzug der Wirksamkeit von Bildungsinterventionen im Hinblick auf Lebensqualität und gesellschaftspolitische Relevanz;
- die Bezugnahme auf das Konzept der Lebensqualität darf nicht dazu führen, die Herausforderungen des globalen Wandels außer Acht zu lassen, weshalb auch politische Bildung im Alter auf die Agenda rückt;
- verstärkte Betrachtung der Beziehungen und Wechselwirkungen in Bildungsprozessen, auch unter dem Fokus von Partizipation und Teilhabe und deren didaktischen Konsequenzen.

Durch diese keinesfalls vollständige Auflistung von Bedarfen soll deutlich werden: Damit ältere Menschen mit ihren Lebens- und Lernherausforderungen nicht allein gelassen werden, braucht es Investitionen in die Gestaltung von lernförderlichen Umgebungen und in professionelle Lernbegleiter*innen, die die Älteren als Expert*innen und Diskutant*innen ihrer eigenen Lernthemen ernstnehmen. Für die Verantwortlichen in der Altenbildung, Altenarbeit und Altenhilfe stehen damit viele Veränderungen bevor: Die geburtenstarken Jahrgänge von Mitte der 1950er bis Mitte der 1960er Jahre werden zwischen 2018 und 2030 ihr Erwerbsleben beenden. Die Babyboomer sind gemessen an den Vorgängerkohorten in der Tendenz offener, konsumorientierter, achten mehr auf ihre Gesundheit und sind im Vergleich zur nutzenorientierten Nachkriegsgeneration anspruchsvoller und freizeitorientierter. Biografisch geprägt hat sie eine Zeit des Wohlstands und der Bildungsexpansion. Sie sind anspruchsvolle, mobile, heterogene ältere Menschen, die sich erstmals signifikant vom traditionellen Familienbild entfernt haben und vielfältige Aktivitätsmuster zeigen (vgl. Steinfort-Diedenhofen 2018b, 202). Aller Voraussicht nach werden sie viele der bisherigen Angebote (im positiven Fall) kritisch hinterfragen oder (und das wäre auch eine Rückmeldung an die Anbieter) gar nicht erst in Betracht ziehen; unter Umständen sind sie gar nicht auf der Suche nach Angeboten, sondern vielmehr nach Spielräumen für ihre Anliegen und Pläne. Diese Räume bereitzustellen und als Bildungsorte zu identifizieren, ist eine zentrale Aufgabe von Bildungsarbeit für und mit älteren Menschen in der Sozialen Arbeit im Jahr 2023 und darüber hinaus.

Literatur

Aner, Kirsten (2020): Soziale Altenhilfe als Aufgabe Sozialer (Alten-)Arbeit. In: Aner, Kirsten & Karl, Ute (Hrsg.): Handbuch Soziale Arbeit und Alter. Wiesbaden: Springer VS, 29–54.

Aner, Kirsten & Karl, Ute (Hrsg.) (2020): Handbuch Soziale Arbeit und Alter. Wiesbaden: Springer VS.

Antonovsky, Aaron (1997): Salutogenese. Zur Entmystifizierung der Gesundheit. Tübingen: dgvt.

Apfelbaum, Birgit, Efker, Nina & Schatz, Thomas (2016): Technikberatung für ältere Menschen und Angehörige. Praxis-Tipps für ein Serviceangebot in der Kommune. Deutscher Verein für öffentliche und private Fürsorge e. V. Freiburg: Lambertus.

Autorengruppe Bildungsberichterstattung (2010): Bildung in Deutschland 2010. Ein indikatorengestützter Bericht mit einer Analyse zu Perspektiven des Bildungswesens im demografischen Wandel. Im Auftrag der Ständigen Konferenz der Kultusminister der Länder in der Bundesrepublik Deutschland und des Bundesministeriums für Bildung und Forschung. Bielefeld: Bertelsmann.

BAGSO – Bundesarbeitsgemeinschaft der Seniorenorganisationen e. V. (2019): Neugierig bleiben! Bildung und Lernen im Alter (2., überarb. Aufl.). Bonn: BAGSO.

BAGSO – Bundesarbeitsgemeinschaft der Seniorenorganisationen e. V. (2022): Bildung im Alter – für alle ermöglichen. Bonn: BAGSO.

Bleck, Christian & van Rießen, Anne (Hrsg.): Soziale Arbeit mit alten Menschen. Wiesbaden: Springer VS.

Bleck, Christian (2020): Altenhilfe. In: Peter-Ulrich Wendt (Hrsg.): Soziale Arbeit in Schlüsselbegriffen. Weinheim & Basel: Beltz Juventa, 192–197.

BMFSFJ – Bundesministerium für Familie, Senioren, Frauen und Jugend (1994): Materialien zum Modellprogramm SB, Bd. 2. Bonn.

BMFSFJ – Bundesministerium für Familie, Senioren, Frauen und Jugend (2005): Dokumentation der Fachtagung. Vorstellung und Diskussion zentraler Positionen des Fünften Altenberichts der Bundesregierung mit Senioren, in Jugendverbänden und Seniorenorganisationen. Berlin.

BMFSFJ – Bundesministerium für Familie, Senioren, Frauen und Jugend (Hrsg.) (2010): Sechster Bericht zur Lage der älteren Generation in der Bundesrepublik Deutschland. Altersbilder in der Gesellschaft. Unter: https://www.bmfsfj.de/resource/blob/101922/b6e54a742b2e84808af68b8947d10ad4/sechster-altenbericht-data.pdf, Zugriff am 13.07.2022.

Böcher, Wolfgang (1996): Non-direktive Pädagogik und selbstbestimmtes Lernen als Alternativen. In: Böcher Wolfgang (Hrsg.): Selbstorganisation, Verantwortung, Gesellschaft. Springer VS, 254–263.

Buber, Martin (1979): Das dialogische Prinzip (4. Aufl.). Heidelberg: Lambert Schneider.

Bubolz-Lutz, Elisabeth (2006): Bildung und Hochaltrigkeit. In: Becker, Susanne, Veelken, Ludger & Wallraven, Klaus-Peter (Hrsg.): Handbuch Altenbildung. Theorien und Konzepte für Gegenwart und Zukunft. Opladen: Leske & Budrich, 236–349.

Bubolz-Lutz, Elisabeth (2022): ›Begleitung‹ als Basiskonzept und Praxis der Geragogik – zur Bedeutsamkeit von Lernmotivationen und dem Prinzip der Wechselseitigkeit. In: Schramek, Renate, Steinfort-Diedenhofen, Julia & Kricheldorff, Cornelia (2022): Diversität der Altersbildung. Geragogische Handlungsfelder, Konzepte und Settings. Stuttgart: Kohlhammer, 21–39.

Bubolz-Lutz, Elisabeth, Engler, Stefanie, Kricheldorff, Cornelia & Schramek, Renate (2022): Geragogik. Bildung und Lernen im Prozess des Alterns. Das Lehrbuch. Stuttgart: Kohlhammer.

Bubolz-Lutz, Elisabeth & Schramek, Renate (2022): Motivations-Orientiertes Lernen: ein neues didaktisches Konzept. In: Newsletter für Engagement und Partizipation in Deutschland 14. Unter: https://www.b-b-e.de/fileadmin/Redaktion/05_Newsletter/01_BBE_Newsletter/2022/07/BBE-Newsletter-14-Schramek_Bubolz-Lutz.pdf, Zugriff am 29.08.2022.

Bubolz-Lutz, Elisabeth & Stöckl, Claudia (2017): Sozialgeragogische Perspektive: Folgerungen aus einem lebensweltlichen und relationalen Bildungsverständnis. In: Stöckel, Claudia (Hrsg): Ältere Menschen in der Wissensgesellschaft. Die Bedeutung von Nicht-Wissen. Graz: Leykam, 113–122.

Cicero, M. Tullius: Cato Major de senectute. Cato der Ältere über das Alter. Lat.-dt.. Ed. von Max Faltner (1980) (2., verb. Aufl.). München: Heimeran.

Deci, Edward L. & Ryan, Richard M. (1993): Die Selbstbestimmungstheorie der Motivation und ihre Bedeutung für die Pädagogik. Zeitschrift für Pädagogik, 39, 223–238.

Deppe, Britta, Jahn, Susanne, Kunz, Hella & Wittkämper, Walter (2018): Die stationäre Altenhilfe als Bildungsort. Methodische Zugänge und Perspektiven am Beispiel des geragogischen Begleitungsansatzes. In: Schramek, Renate, Kricheldorf, Cornelia, Schmidt-Hertha, Bernhard & Steinfort-Diedenhofen, Julia (Hrsg.): Alter(n) – Lernen – Bildung. Ein Handbuch. Stuttgart: Kohlhammer, 187–196.

Engel, Petra (2001): Sozialräumliche Altenarbeit und Gerontologie. Am Beispiel älterer Frauen auf dem Land. Opladen: Leske & Budrich.
Europäische Kommission (2001): Kommission der Europäischen Gemeinschaften. Memorandum über lebenslanges Lernen. Unter: https://www.die-bonn.de/es prid/dokumente/doc-2000/EU00_01.pdf, Zugriff am 06.09.2022.
Farrenberg, Dominik & Schulz, Marc (2020): Handlungsfelder Sozialer Arbeit. Eine systematisierende Einführung. Weinheim & Basel: Beltz Juventa.
Faulstich, Peter (1981): Arbeitsorientierte Erwachsenenbildung. Frankfurt/M.: Diesterweg.
Fooken, Insa (2020): Nachkriegskindheiten und Altern. In: Aner, Kirsten & Karl, Ute (Hrsg.): Handbuch Soziale Arbeit und Alter. Wiesbaden: Springer VS, 517–525.
Galuske, Michael (2011): Identität – Ausbildung – Arbeitsmarkt. Anmerkungen zum aktuellen Identitätsdiskurs in der Sozialen Arbeit. In: Thiersch, Hans & Treptow, Rainer (Hrsg.): Zur Identität der Sozialen Arbeit. Positionen und Differenzen in Theorie und Praxis. neue praxis, Sonderheft 10, 123–126.
Galuske, Michael (2013): Methoden der Sozialen Arbeit. Eine Einführung (10. Aufl.). Weinheim & Basel: Beltz Juventa.
Geißler, Karlheinz A. & Hege, Marianne (2001): Konzepte sozialpädagogischen Handelns. Ein Leitfaden für Soziale Berufe (10. Aufl.). Weinheim & Basel: Beltz Juventa.
Gieseke, Hermann (1996/2013): Pädagogik als Beruf. Grundformen pädagogischen Handelns (11. Aufl.). Weinheim: Beltz Juventa.
Goffman, Erving (1977): Rahmen-Analyse: Ein Versuch über die Organisation von Alltagserfahrung. Frankfurt/M.: Suhrkamp.
Haberstroh, Max (2020): Bildung und Bildungsarbeit. In: Wendt, Peter-Ulrich (Hrsg.): Soziale Arbeit in Schlüsselbegriffen. Weinheim & Basel: Beltz Juventa, 50–54.
Hancken, Sabrina Amanda (2020): Beziehungsgestaltung in der Sozialen Arbeit. Göttingen: Vandenhoeck & Ruprecht.
Heiner, Maja (2010): Soziale Arbeit als Beruf. Helle-Felder-Fähigkeiten (2. Aufl.). München: Reinhardt.
Hermann, Ulrich (2006): Neurodidaktik. Grundlagen und Vorschläge für gehirngerechtes Lehren und Lernen. Weinheim: Beltz.
Heydorn, Heinz-Joachim (1979): Über den Widerspruch von Bildung und Herrschaft [1970] (Bildungstheoretische Schriften 2). Frankfurt/M.: Europäische Verlagsanstalt.
Humboldt, Wilhelm v. (1980): Ideen zu einem Versuch, die Grenzen der Wirksamkeit des Staates zu bestimmen [1792]. In A. Flitner & K. Giel (Hrsg.): Humboldt. Werke in fünf Bänden (Bd. I, 3. Aufl.). Darmstadt: Wissenschaftliche Buchgesellschaft, 56–233.
Kade, Silvia (2009): Altern und Bildung: Eine Einführung (2., überarb. Aufl.). Bielefeld: Bertelsmann.

Kamps, Martin (2015): Fokus Beratung: Pflegeberatung mit Case Management, Wohnberatung und Beratung bei Demenz. In: Philipp-Metzen, H. Elisabeth: Soziale Arbeit mit Menschen mit Demenz. Grundwissen und Handlungsorientierung für die Praxis. Stuttgart: Kohlhammer, 116–122.

Karas, Fritz & Hinte, Wolfgang (1978): Grundprogramm Gemeinwesenarbeit. Praxis des sozialen Lernens in offenen pädagogischen Feldern. Wuppertal: Jugenddienst-Verlag.

Karl, Ute (2008): Bildsamkeit und Bildungsprozesse im Alter. In: Aner, Kirsten & Karl, Ute (Hrsg.). Lebensalter und Soziale Arbeit. Ältere und alte Menschen. Band 6. Baltmannsweiler: Schneider, 161–173.

Kasser, T. (2004): The Need for Safety/Securtity. Second Inernational Conference on Self-determination Theory. Ottawa, Canada.

Kern, Dominique (2018): Theoretische Modelle für die Bildung älterer Erwachsener: Eine kritische Analyse aus erziehungswissenschaftlicher Perspektive. In: Schramek, Renate, Kricheldorff, Cornelia, Schmidt-Hertha, Bernhard & Steinfort-Diedenhofen, Julia (Hrsg.): Altern(n). Lernen. Bildung. Ein Handbuch. Stuttgart: Kohlhammer,13–32.

Klafki, Wolfgang (1996): Neue Studien zur Bildungstheorie und Didaktik. Zeitgemäße Allgemeinbildung und kritisch-konstruktive Didaktik (4. Aufl.). Weinheim: Beltz.

Klafki, Wolfgang (2007): Neue Studien zur Bildungstheorie und Didaktik (6., überarb. Aufl.). Weinheim: Beltz.

Klein, Ludger, Merkle, Maike, & Molter, Sarah & (2021): Schwierige Zugänge älterer Menschen zu Angeboten der Sozialen Arbeit. Abschlussbericht eines Praxisforschungsprojekts. Institut für Sozialarbeit und Sozialpädagogik e. V. (Hrsg.): ISS-aktuell 1. Unter: https://www.bmfsfj.de/resource/blob/179300/415fcd2 0f00470b676402e943ed871b5/abschlussbericht-zugaenge-aelterer-menschen-soziale-arbeit-data.pdf, Zugriff am 12.09.2022.

Kleve, Heiko (2001): Sozialarbeit als Beruf ohne (eindeutige) Identität. Eine postmoderne Umdeutung, ihre Begründung und Auswirkung, in: Forum Sozial, Nr. 3, 15–17.

Kleve, Heiko (2007): Postmoderne Sozialarbeit. Ein System theoretisch-konstruktivistischer Beitrag zur Sozialarbeitswissenschaft (2. Aufl.). Wiesbaden: Springer VS.

Klott, Stefanie (2014): Theorien des Alters und des Alterns. In: Becker, Stefanie & Brandenburg, Hermann (Hrsg.): Lehrbuch Gerontologie: gerontologisches Fachwissen für Pflege- und Sozialberufe; eine interdisziplinäre Aufgabe. Bern: Huber, 37–74.

Kolland, Franz, Gallistl, Vera & Wanka, Anna (2018): Bildungsberatung für Menschen im Alter. Grundlagen, Zielgruppen, Konzepte. Stuttgart: Kohlhammer.

Koller, Hans-Christoph (2011): Bildung anders denken: Einführung in die Theorie transformatorischer Bildungsprozesse. Stuttgart: Kohlhammer.

Konopka, Gisela (1971): Soziale Gruppenarbeit: ein helfender Prozess. Weinheim: Beltz.
Krauß, Ernst J. (1996): Methoden der Sozialarbeit/Sozialpädagogik. In: Kreft, Dieter & Mielenz, Ingrid (Hrsg.): Wörterbuch Soziale Arbeit. Aufgaben, Praxisfelder, Begriffe und Methoden der Sozialarbeit und Sozialpädagogik. Weinheim & Basel: Beltz, 396–399.
Kricheldorff, Cornelia (2022): Gut vernetzt oder abgehängt. Gelingendes Altern in der digitalen Welt. Stuttgart: Kohlhammer.
Kricheldorff, Cornelia & Klott, Stefanie (2017): Altersbildung und Soziale Arbeit. In: Zeitschrift für Gerontologie und Geriatrie 50 (5), 434–438.
Kruse, Andreas & Wahl, Hans-Werner (2010): Zukunft Altern. Individuelle und gesellschaftliche Weichenstellungen. Heidelberg: Spektrum Akademischer Verlag.
Kulmus, Claudia (2018): Altern und lebensentfaltendes Lernen. In: Schramek, Renate, Kricheldorff, Cornelia, Schmidt-Hertha, Bernhard & Steinfort-Diedenhofen, Julia (Hrsg.): Alter(n) – Lernen – Bildung. Stuttgart: Kohlhammer, 113–123.
Künkler, Tobias (2011): Lernen in Beziehung: Zum Verhältnis von Subjektivität und Relationalität in Lernprozessen. transcript.
Laslett, Peter (1995): Das Dritte Alter. Historische Soziologie des Alterns. Weinheim/ München: Juventa.
Löffler, Eva Maria & Reuther, Sabrina (2021): Soziale (Alten-)Arbeit im Pflegeheim. Alte und neue Herausforderungen im Zuge des »Lockdowns«. In: Kniffki, Johannes, Lutz, Ronald & Steinhaußen, Jan (Hrsg.): Covid-19 – Zumutungen an die Soziale Arbeit. Weinheim und Basel: Beltz Juventa, 278–291.
Luckmann, Thomas (1992). Theorie des sozialen Handelns. Berlin/New York: de Gruyter.
Luhmann, Niklas (1984): Soziale Systeme. Grundriss einer allgemeinen Theorie. Frankfurt/M: Suhrkamp.
Merton, Robert K. (1968): The Matthew Effect in Science. In: Science. Band 159, Nr. 3810. Washington DC 1968, 56–63.
Meyer, Christine (2019): Soziale Arbeit und Alter(n), Weinheim: Beltz Juventa.
Michel-Schwartze, Brigitta (2009): Einführung in die Thematik: Methodenverständnis und Handlungsrationalitäten. In: Michel-Schwartze, Brigitta (Hrsg.) (2009): Methodenbuch Soziale Arbeit. Basiswissen für die Praxis (2., überarb. u. erw. Aufl.). Wiesbaden: Verlag für Sozialwissenschaften, 9–23.
Miesen, Vera (2015): Lebenslanges Lernen aus der Perspektive kritischer Geragogik. In: Zeitschrift für Sozialpädagogik 13 (1), 31–47.
Mieskes, Hans (1971): Geragogik – ihr Begriff und ihre Aufgaben innerhalb der Gerontologie. actuelle gerontologie, 1, 279–283.
Mollenhauer, Klaus (1972): Theorien zum Erziehungsprozess. Zur Einführung in erziehungswissenschaftliche Fragestellungen. München: Juventa.

Naegele, Gerhard (2011): Soziale Dienste für ältere Menschen. In: Evers, Adalbert, Heinze, Rolf G. & Olk, Thomas (Hrsg.): Handbuch Soziale Dienste. Wiesbaden: Springer Fachmedien, 404–424.

Naegele, Gerhard & Clemens, Wolfgang (2004): Lebenslagen im Alter. In Kruse, Andreas & Martin, Mike (Hrsg.): Enzyklopädie der Gerontologie. Alternsprozesse in multidisziplinärer Sicht. Bern: Hogrefe.

Nittel, Dieter & Meyer, Nikolaus (2018): Lernen in der Lebensendphase. Vom Nutzen journalistischer Quellen für die Analyse biografischwer Lernprozesse. In: Schramek, Renate, Kricheldorff, Cornelia, Schmidt-Hertha, Bernhard & Steinfort-Diedenhofen, Julia (Hrsg.): Alter(n) – Lernen – Bildung. Kohlhammer: Stuttgart, 124–139.

Nohl, Herman (1982). Die pädagogische Bewegung in Deutschland und ihre Theorie., Frankfurt/M.: Schulte-Bulmke.

Otto, Hans-Uwe (2011): Verwaschene Identität. In: Thiersch, Hans & Treptow, Rainer (Hrsg.): Zur Identität der Sozialen Arbeit. Positionen und Differenzen in Theorie und Praxis. In: neue praxis, Sonderheft 10, 31–35.

Paulus, Jochen (2022): Was treibt mich an? Wer seine Motivationsquellen kennt, erreicht seine Ziele müheloser. In: Psychologie heute 05, 12–23.

Petzold, Hilarion & Bubolz, Elisabeth (1976) (Hrsg.): Bildungsarbeit mit alten Menschen, Stuttgart: Klett-Cotta.

Pohlmann, Stefan (2016): Altershilfe – Band 1: Hintergründe und Herausforderungen. Neu-Ulm: AG SPAK Bücher.

Reich, Kersten (2010): Systemisch-konstruktivistische Pädagogik. Einführung und Grundlagen einer interaktionistisch-konstruktivistischen Pädagogik. Weinheim: Beltz.

Reischmann, Jost (2002): Lernen hoch zehn – wer bietet mehr? Vom »Lernen en passant« zu »konzeptionellem Lernen« und »lebensbreiter Bildung«. In: Bergold, Rolph, Dierkes, Petra & Knoll, Jörg (Hrsg.): Vielfalt neu verbinden – Abschlussbericht zum Projekt »Lernen 2000plus – Initiative für eine neue Lernkultur. Recklinghausen: Bitter, 159–167.

Riboltis, Erich (2004): Pädagogisierung – Oder: »Wollt ihr die totale Erziehung«?? In: Schulheft 116, Innsbruck: Studienverlag, 9–16.

Rieger-Ladich, Markus (2019): Bildungstheorien zur Einführung. Hamburg: Junius Verlag.

Rixen, Stephan (2020): Alter, Kranken- und Pflegeversicherung. In: Aner, Kirsten & Karl, Ute (Hrsg.): Handbuch Soziale Arbeit und Alter. Wiesbaden: Springer VS, 313–324.

Rubin, Yvonne & Glaser, Roger (2019): Benachteiligte ältere Menschen erreichen: Diskussion von Zugängen und Methoden. In: Monika Alisch, Stephanie Hagspihl, Claudia Kreipl & Martina Ritter (Hrsg.): Soziale Innovationen: Alter(n) in ländlichen Räumen. Perspektiven von Selbstorganisation, Teilhabe und Versorgung. Kassel: kassel university press, 123–139.

Rüßler, Harald & Heite, Elisabeth (2017): Kommunen als Orte Sozialer Altenarbeit. In: Zeitschrift für Gerontologie und Geriatrie 50 (5), 446–450.

Schäffter, Ortfried (1993): Lernen als Passion. Leidenschaftliche Spannungen zwischen Innen und Außen. In: Heger, Rolf-Joachim & Manthey, Helga (Hrsg.): Über den Eros beim Lehren und Lernen. Weinheim: Deutscher Studien Verlag, 291–321.

Schäffter, Ortfried (1999): Altersbildung und Didaktik. Zum Begriff der Lehrtätigkeit und der Lehre in der Bildungsarbeit mit Älteren. In: Bergold, Ralph, Knopf, Detlef & Mörchen, Annette (Hrsg.): Altersbildung an der Schwelle des neuen Jahrhunderts, KBE Bonn, Würzburg: Echter, 193–195.

Schilling, Johannes & Klus, Sebastian (2018): Soziale Arbeit. Geschichte – Theorie – Profession (7. Aufl.). München: Reinhardt.

Schirrmacher, Frank (2004): Das Methusalem-Komplott. München: Heyne Verlag.

Schmidt (2020): Soziale Arbeit in der pflegerischen Versorgung. In: Aner, Kirsten & Karl, Ute (Hrsg.): Handbuch Soziale Arbeit und Alter. Wiesbaden: Springer VS, 207–214.

Schmidt-Hertha, Bernhard (2018): Die Bedeutung von Large-Scale-Studien für die Forschung zu Bildung im Alter. In: Schramek, Renate, Kricheldorff, Cornelia, Schmidt-Hertha, Bernhard & Steinfort-Diedenhofen, Julia (Hrsg.): Alter(n) – Lernen – Bildung. Kohlhammer: Stuttgart, 76–86.

Schönig. Werner (2022): Senior*innenvertretung und partizipative Sozialplanung als Felder der Altersbildung – Bedarfe, Anforderungen und Prozesse des kommunalen ›Learnig by Doing Policy‹. In: Schramek, Renate, Steinfort-Diedenhofen, Julia & Kricheldorff, Cornelia (2022): Diversität der Altersbildung. Geragogische Handlungsfelder, Konzepte und Settings. Stuttgart: Kohlhammer, 94–107.

Schramek, Renate, Steinfort-Diedenhofen, Julia & Kricheldorff, Cornelia (Hrsg.) (2022): Diversität der Altersbildung. Geragogische Handlungsfelder, Konzepte und Settings. Stuttgart: Kohlhammer.

Schulenberg, Wolfgang, Loeber, Heinz-Dieter, Loeber-Pautsch, Uta & Pühler, Susanne (1978): Soziale Faktoren der Bildungsbereitschaft Erwachsener. Stuttgart: BIS-Verlag.

Statistisches Bundesamt (Destatis) (Hrsg.) (2020): Pflege im Rahmen der Pflegeversicherung – Deutschlandergebnisse – 2019. Unter: https://www.destatis.de/DE/Themen/Gesellschaft-Umwelt/Gesundheit/Pflege/Publikationen/Downloads-Pflege/pflege-deutschlandergebnisse-5224001199004.pdf?__blob=publicationFile, Zugriff am 05.07.2022.

Staudinger, Ursula M., & Freund, Alexandra M. (1998): Krank und »arm« im hohen Alter und trotzdem guten Mutes? Untersuchungen im Rahmen eines Modells psychologischer Widerstandsfähigkeit [Sick and »Poor« in Old Age and still in Good Spirits? A Study of Psychological Resilience]. Zeitschrift für Klinische Psychologie 27 (2), 78–85.

Steinfort, Julia (2010): Identität und Engagement im Alter. Eine empirische Untersuchung. Wiesbaden: Springer VS.

Steinfort-Diedenhofen, Julia (2017): Das Altern der Babyboomer als pastoraler Lernanlass. In: Lebendiges Zeugnis, 72, 283–289.

Steinfort-Diedenhofen, Julia (2018a): Sozialgeragogik. In: Schramek, Renate, Kricheldorff, Cornelia, Schmidt-Hertha, Bernhard & Steinfort-Diedenhofen, Julia (Hrsg.): Alter(n) – Lernen – Bildung. Kohlhammer: Stuttgart, 57–68.

Steinfort-Diedenhofen, Julia (2018b): Residence in Older Age – an Epochal Learning Opportunity – a Didactic Analysis. In: International Journal of Education and Ageing 4 (3), 195–204.

Steinfort-Diedenhofen, Julia (2022a): Entwicklungen und Positionen zu Bildung und Lernen in der Sozialen Arbeit mit alten Menschen. In: Bleck, Christian & van Rießen, Anne (Hrsg.): Soziale Arbeit mit alten Menschen. Wiesbaden: Springer VS, 157–170.

Steinfort-Diedenhofen, Julia (2022b): Ältere Menschen. In: Bieker, Rudolf & Niemeyer, Heike (Hrsg.): Träger, Arbeitsfelder und Zielgruppen der Sozialen Arbeit (2., überarb. Aufl.). Stuttgart: Kohlhammer, 243–250.

Stimmer, Franz (2020): Grundlagen des Methodischen Handelns in der Sozialen Arbeit (4., akt. Aufl.). Stuttgart: Kohlhammer.

Stratmann, Jutta (2021): Vergleichende Untersuchung zur kommunalen Altenarbeit. Disparitäten hinsichtlich der Lebensverhältnisse älterer Menschen – Befragung zur Beschreibung, Sichtbarmachung und Analyse der Teilhabemöglichkeiten älterer Menschen in den Kommunen in Deutschland. BAGSO (Hrsg). Unter: https://www.bagso.de/fileadmin/user_upload/bagso/06_Veroeffentlichungen/2021/Disparitaetenstudie_Kommunale_Altenarbeit.pdf, Zugriff am 06.09.2022.

Thiersch, Hans (2008): Bildung und Soziale Arbeit. In: Otto, Hans-Uwe & Rauschenbach, Thomas (Hrsg.): Die andere Seite der Bildung. Wiesbaden: Springer VS.

Thiersch, Hans (2015): Bildung. In: Otto, Hans-Uwe, Thiersch, Hans, Treptow, Rainer & Ziegler, Holger (Hrsg.): Handbuch Soziale Arbeit. München: Reinhardt, 162–173.

Thole, Werner (2012): Grundriss Soziale Arbeit. Ein einführendes Handbuch. Wiesbaden: Springer VS.

Tippelt, Rudolph, Schmidt, Bernhard, Schnurr, Simone, Sinner, Simone & Theisen, Catharina (2009): Bildung Älterer. Chancen im demografischen Wandel. Deutsches Institut für Erwachsenenbildung – Leibniz-Zentrum für Lebenslanges Lernen (Hrsg.). Bielefeld: Bertelsmann.

van Dyk, Silke (2009): »Junge Alte« im Spannungsfeld von liberaler Aktivierung, ageism und anti-aging-Strategien. In: van Dyk, Silke & Lessenich, Stephan (Hrsg.): Die jungen Alten. Analysen einer neuen Sozialfigur. Frankfurt/M, 316–339.

van Rießen, Anne & Fehlau, Michael (2022): Methodisches Handeln in der Sozialen Arbeit. In: Kuhlmann, Carola; Löwenstein, Heiko, Niemeyer, Heike & Bieker,

Rudolf (Hrsg.): Soziale Arbeit. Das Lehr- und Studienbuch für den Einstieg. Stuttgart: Kohlhammer, 177–212.

von Spiegel, Hiltrud (2018): Methodisches Handeln in der Sozialen Arbeit (6. Aufl.) München. Reinhardt.

Watzlawik, Paul (1986): Die erfundene Wirklichkeit. Wie wissen wir, was wir zu wissen glauben. Beiträge zum Konstruktivismus. München: Piper.

Weidekamp-Maicher, Manuela (2015): Alter(n) und Lebensqualität. In: van Rießen, Anne, Bleck, Christian & Knopp, Reinhold (Hrsg.): Sozialer Raum und Alter(n). Wiesbaden: Springer VS.

Wendt, Peter-Ulrich (2017): Lehrbuch Methoden der Sozialen Arbeit (2., überarb. Aufl.) Weinheim & Basel: Beltz.

Winkler, Michael (2022): Bildung und Lebensqualität. In: Staats, Martin (Hrsg.): Lebensqualität. Weinheim & Basel: Beltz Juventa, 144–166.

Wittkämper, Walter (2012): Der geragogische Begleitungsansatz. Oder: Wie lässt sich die Altenpflege geragogischer denken? Pro Alter 44 (5), 48–51. Unter: https://www.cbt-gmbh.de/fileadmin/user_upload/allgemein/PDF/ProAlter_Ausgabe05_2012.pdf, Zugriff am 03.12.2021.

Wittkämper, Walter, Schäfer, Alina, Stockem, Carina & Hemgesberg, Lukas V. (2022): Digitale Bildung in der stationären Altenhilfe. In: Schramek, Renate, Steinfort-Diedenhofen, Julia & Kricheldorff, Cornelia (Hrsg.): Diversität der Altersbildung. Geragogische Handlungsfelder, Konzepte und Settings. Stuttgart: Kohlhammer.

Das im Abschnitt »Zu diesem Buch« zitierte Gedicht »Dialog mit der Jugend« (Auszug) von Hanns Dieter Hüsch stammt aus: Hanns Dieter Hüsch: Ich möchte ein Clown sein, S. 35ff., 2012/3, © tvd-Verlag Düsseldorf, 2002.